Klinger | Sturm und Drang

Friedrich Maximilian Klinger

Sturm und Drang

Ein Schauspiel

Mit einem Anhang zur Entstehungs- und Wirkungsgeschichte herausgegeben von Jörg-Ulrich Fechner

Reclam

Zu Klingers *Sturm und Drang* gibt es in Reclams Universal-Bibliothek eine Interpretation in: *Dramen des Sturm und Drang* in der Reihe »Interpretationen« (Nr. 8410).

RECLAMS UNIVERSAL-BIBLIOTHEK Nr. 14002
1970, 2020 Philipp Reclam jun. Verlag GmbH,
Siemensstraße 32, 71254 Ditzingen
Gestaltung: Cornelia Feyll, Friedrich Forssman
Druck und Bindung: Kösel GmbH & Co. KG,
Am Buchweg 1, 87452 Altusried-Krugzell
Printed in Germany 2020

ISBN 978-3-15-014002-4

Auch als E-Book erhältlich

www.reclam.de

Sturm und Drang (1776)

Ein Schauspiel

[(2)] Personen.

WILD.
LA FEU.
BLASIUS.
LORD BERKLEY.
JENNY CAROLINE, seine Tochter.
LADY KATHARINE, die Tante.
LOUISE, Nichte.
SCHIFFCAPITAIN BOYET.
LORD BUSHY.
EIN JUNGER MOHR.
DER WIRTH.
BETTY.

Die Scene Amerika.

[(3)] Erster Akt.

Erste Scene.

(Zimmer im Gasthofe.)
Wild. La Feu. Blasius. (treten auf in Reisekleidern.)

WILD. Heyda! nun einmal in Tumult und Lermen, daß die Sinnen herumfahren wie Dach-Fahnen beym Sturm. Das wilde Geräusch hat mir schon so viel Wohlseyn entgegen gebrüllt, daß mir's würklich ein wenig anfängt besser zu werden. So viel Hundert Meilen gereiset um dich in vergessenden Lermen zu bringen – Tolles Herz! du sollst mirs danken! Ha! tobe und spanne dich dann aus, labe dich im Wirrwar! – Wie ists Euch?

[4] BLASIUS. Geh zum Teufel! Kommt meine Donna nach?

LA FEU. Mach dir Illusion Narr! sollt' mir nicht fehlen, sie von meinem Nagel in mich zu schlürfen, wie einen Tropfen Wasser. Es lebe die Illusion! – Ey! ey, Zauber meiner Phantasie, wandle in den Rosengärten von Phillis Hand geführt –

WILD. Stärk dich Apoll närrischer Junge!

LA FEU. Es soll mir nicht fehlen, das schwarze verrauchte Haus gegen über, mit sammt dem alten Thurm, in ein Feenschloß zu verwandeln. Zauber, Zauber Phantasie! – *(lauschend)* Welch lieblich, geistige Symphonien treffen mein Ohr? – – Beym Amor! ich will mich in ein alt Weib verlieben, in einem alten, baufälligen Haus wohnen, meinen zarten Leib in stinkenden Mistlachen baden, bloß um meine Phantasie zu scheren. Ist keine alte Hexe da mit der ich scharmiren könnte? Ihre Runzeln sollen mir zu Wellenlinien der Schönheit werden; ihre heraussstehende schwarze Zähne, zu marmornen Säulen an Dianens Tempel; ihre herabhangende lederne Zizzen, Helenens Busen übertreffen. Einen so aufzutrocknen, wie mich! – He meine phantastische Göttin! – Wild, ich kann dir sagen, ich hab mich brav ge[5]halten die Tour her. Hab Dinge gesehen, gefühlt, die kein Mund geschmeckt, keine Nase gerochen, kein Aug' gesehen, kein Geist erschwungen –

WILD. Besonders wenn ich dir die Augen zuband. Ha! Ha!

LA FEU. Zum Orkus! du Ungestüm! – Aber sag' mir nun auch einmal, wo sind wir in der würklichen Welt jetzt. In London doch?

WILD. Freylich. Merktest du denn nicht daß wir uns einschiften? Du warst ja Seekrank.

LA FEU. Weiß von allem nichts, bin an allem unschuldig? – Lebt denn mein Vater noch? Schick doch einmal zu ihm Wild, und laß ihm sagen, sein Sohn lebe noch. Käme so eben von den Pyrenäischen Gebürgen aus Frießland. Weiter nichts.

WILD. Aus Frießland? –

LA FEU. In welchem Viertel der Stadt sind wir dann?

WILD. In einem Feenschloß la Feu! Siehst du nicht den goldnen Himmel? die Amors und Amouretten? die Damen und Zwerchen?

LA FEU. Bind mir die Augen zu! *(Wild bindet ihm zu)* Wild! Esel! Wild! Ochse! nicht zu hart! [6] *(Wild bindet ihn los)* He! Blasius, lieber bißiger, kranker Blasius, wo sind wir?

BLASIUS. Was weiß ich.

WILD. Um euch auf einmal aus dem Traum zu helfen, so

wißt; daß ich euch aus Rußland nach Spanien führte, weil ich glaubte, der König fange mit dem Mogol Krieg an. Wie aber die Spanische Nation träge ist, so wars auch hier. Ich packte euch also wieder auf, und nun seyd ihr mitten im Krieg in Amerika. Ha laßt michs nur recht fühlen auf Amerikanischen Boden zu stehn, wo alles neu, alles bedeutend ist. Ich trat ans Land – O! daß ich keine Freude rein fühlen kann!

LA FEU. Krieg und Mord! o meine Gebeine! o meine Schutzgeister! – So gieb mir doch ein Feenmärchen! o weh mir!

BLASIUS. Daß dich der Donner erschlug, toller Wild! was hast du wieder gemacht? Ist Donna Isabella noch? He! willst du reden! meine Donna!

WILD. Ha! Ha! Ha! du wirst ja einmal ordentlich aufgebracht.

BLASIUS. Aufgebracht? Einmal aufgebracht? Du sollst mirs mit deinem Leben bezahlen, Wild! [7] Was? bin wenigstens ein freyer Mensch. Geht Freundschaft so weit, daß du in deinen Rasereyen einen durch die Welt schleppst wie Kuppelhunde? Uns in die Kutsche zu binden, die Pistole vor die Stirn zu halten, immer fort, klitsch! klatsch! In der Kutsche essen, trinken, uns für Rasende auszugeben. In Krieg und Getümmel von meiner Paßion weg, das einzige was mir übrig blieb –

WILD. Du liebst ja nichts Blasius.

BLASIUS. Nein, ich lieb nichts. Ich habs so weit gebracht, nichts zu lieben, und im Augenblick alles zu lieben, und im Augenblick alles zu vergessen. Ich betrüg alle Weiber, dafür betrügen und betrogen mich alle Weiber. Sie haben mich geschunden und zusammen gedrückt, das

Gott erbarm! Ich hab' alle Figuren angenommen. Dort war ich Stutzer, dort Wildfang, dort tölpisch, dort empfindsam, dort Engelländer, und meine größte Conquette machte ich, da ich nichts war. Das war bey Donna Isabella. Um wieder zurück zu kommen – deine Pistolen sind geladen –

WILD. Du bist ein Narr, Blasius, und verstehst keinen Spaß.

[8] BLASIUS. Schöner Spaß dies! Greif zu! ich bin dein Feind den Augenblick.

WILD. Mit dir mich schießen! Sieh, Blasius! ich wünschte jetzt in der Welt nichts als mich herum zu schlagen, um meinem Herzen einen Lieblings-Schmauß zu geben. Aber mit dir? Ha! Ha! *(hält ihm die Pistole vor)* Sieh ins Mundloch und sag, ob dirs nicht größer vorkommt als ein Thor in London? Sey gescheid Freund! Ich brauch und lieb euch, und ihr mich vielleicht auch. Der Teufel konnte keine größre Narren und Unglücks-Vögel zusammen führen, als uns. Deßwegen müssen wir zusammen bleiben, und auch des Spaßes halben. Unser Unglück kommt aus unserer eigenen Stimmung des Herzens, die Welt hat dabey gethan, aber weniger als wir.

BLASIUS. Toller Kerl! ich bin ja ewig am Bratspieß.

LA FEU. Mich haben sie lebendig geschunden, und mit Pfeffer eingepökelt. – Die Hunde!

WILD. Wir sind nun mitten im Krieg hier, die einzige Glückseligkeit die ich kenne, im Krieg zu seyn. Genießt der Scenen, thut was ihr wollt.

LA FEU. Ich bin nicht fürn Krieg.

BLASIUS. Ich bin für nichts.

[9] WILD. Gott mach' Euch noch matter! – Es ist mir wieder

so taub vorm Sinn. So gar dumpf. Ich will mich über eine Trommel spannen lassen, um eine neue Ausdehnung zu kriegen. Mir ist so weh wieder. O könnte ich in dem Raum dieser Pistole existiren, bis mich eine Hand in die Luft knallte. O Unbestimmtheit! wie weit, wie schief führst du den Menschen!

BLASIUS. Was solls aber hier am Ende noch werden?

WILD. Daß Ihr nichts seht! Um aus der gräßlichen Unbehaglichkeit und Unbestimmtheit zu kommen, mußt' ich fliehen. Ich meinte die Erde wankte unter mir, so ungewiß waren meine Tritte. Alle gute Menschen, die sich für mich intereßirten, hab ich durch meine Gegenwart geplagt, weil sie mir nicht helfen konnten. –

BLASIUS. Sag lieber nicht wollten.

WILD. Ja, sie wollten. Ich mußte überall die Flucht ergreiffen. Bin alles gewesen. Ward Handlanger um was zu seyn. Lebte auf den Alpen, weidete die Ziegen, lag Tag und Nacht unter dem unendlichen Gewölbe des Himmels, von den Winden gekühlt und von innern Feuer gebrannt. Nirgends Ruh, nirgends Rast. Die [10] Edelsten aus Engelland irren verlohren in der Welt. Ach! und ich finde die Herrliche nicht, die einzige, die da steht. – Seht, so strotze ich voll Kraft und Gesundheit, und kann mich nicht aufreiben. Ich will die Kampagne hier mit machen, als Volontair, da kann sich meine Seele ausrecken, und thun sie mir den Dienst, und schießen mich nieder; gut dann! Ihr nehmet meine Baarschaft, und zieht.

BLASIUS. Hohl mich der Teufel! Dich soll keiner todt schießen, edler Wild.

LA FEU. Sie könntens doch thun.

WILD. Können Sie's besser mit mir meynen? – Stellt Euch

vor, als wir uns einschifften, sah ich in der Ferne den Schiffscapitain auf seinem Schiff.

BLASIUS. Der die feindliche Antipathie auf Dich hat. Ich meyn Du hätt'st ihn in Holland todt geschossen.

WILD. Dreymal schon mit ihm auf Leben und Tod gestanden, und noch läßt er mir keine Ruhe, und nie beleidigte ich den Menschen. Ich gab ihm eine Kugel, und er mir einen Stoß. Es ist grausam wie er mich haßt ohne Ursach. Und ich muß gestehen, ich lieb' ihn. Es ist ein braver, rauher Mann. Weiß der Himmel, was er mit uns vor hat. Laßt mich eine Stunde allein!

[11] DER WIRTH. Die Zimmer sind bereit Mylords. Sonst was gefällig?

WILD. Wo sind meine Leute?

WIRTH. Haben gessen und schlafen.

WILD. Sie lassen sich wohl seyn.

WIRTH. Und Sie befehlen nichts?

WILD. Den stärksten Punsch, Herr Wirth.

LA FEU. Der fehlt dir noch, Wild.

WILD. Ist der General hier?

WIRTH. Ja, Mylord!

WILD. Was für Fremde sind im Hause? Doch ich mags nicht wissen. *(Geht ab.)*

BLASIUS. Mich schläfert.

LA FEU. Mich hungert.

BLASIUS. Mach dir Illusion, Narr! – Alle Welt Teufel von meiner Donna weg! *(Alle gehen ab.)*

Zweyte Scene.

(Lord Berkleys Zimmer.)
Lord Berkley. Miß Caroline.

CAROLINE. *(Auf einem Clavier in süßer melancholischer Schwermuth phantasirend.)*

BERKLEY. *(Ein* Kartenhaus *auf kindische phantastische Art bauend.)* So ganz zum Kind zu werden! Alles gol[12]den, alles herrlich und gut! Dieses Schloß bewohnen, Zimmer, Saal, Keller und Stall! – All des bunten, verworrnen, undeutlichen Zeugs! – Ich find an nichts Freude mehr. Glückliche Augenblicke der Kindheit, die ihr rückkehrt! Find an nichts Freude mehr, als an diesen Kartenschloß. Bedeutend Sinnbild meines verworrnen Lebens! Ein Stoß, ein harter Tritt, ein leichtes Windchen, wirft dich zusammen; aber der feste unermüdete Muth des Kindes, der dich wieder aufbaut! Ha! so will ich mich mit ganzer Seel nein verschließen, und denken und fühlen nichts anders, als wie herrlich es ist in dir zu weben und zu seyn. – Lord Bushy! ja mein Seel! ich räumte dir ein Zimmer ein. So unfreundlich du gegen mich warst, sollst du Berkleys bestes Zimmer bewohnen. Ha! es kehrt sich doch immer in mir herum, störrischer Bushy! so oft ich rückdenk. Einen von Haus und Hof vertreiben, blos weil Berkley fetter stund als Bushy – es ist schändlich. Und doch dies Zimmer, ausgemahlt mit meiner Geschichte, steht dir zu Dienst. – Ja wer das zusammen fassen könnte, da mein Herz so klein zu ist – Ha! Ha! Lord Berkley! dir ist wohl, da du wieder zum Kind wirst! – Tochter!

[13] CAROLINE. Mein Vater!

BERKLEY. Kind! Du glaubst nicht wie wohl einem werden kann. Sieh! So eben bau ich Bushys Zimmer. Wie gefällt dirs?

CAROLINE. Recht wohl Mylord! Wahrhaftig, ich wollte seine Magd werden und ihm dienen, Ihrer Ruhe wegen.

BERKLEY. Wo er sich herumtreiben mag, der feindliche Bushy! – Von Haus und Hof! Von Weib und Gut! – Bushy es kann nicht seyn! – Und da mein süßes Kind um alles zu bringen. – Nein, Mylord, wir können nicht zusammen wohnen. *(Zerschlägt das Kartenhaus.)*

CAROLINE. Mein Vater!

BERKLEY. Wie, Miß? Schäme dich! bist du Berkleys Tochter! Bushy dienen? Bushys Magd? keiner Königin nicht. Ha! das könnte mir in tiefen Schlaf einfallen und mich toll machen. Bushys Magd Miß! Wollen Miß nicht widerrufen? Bushys Magd?

CAROLINE. Nein, Lord! Nur nenne mich Tochter! O, das Wort Miß, ist ein herber Schall für Berkleys Tochter aus Vater Berkleys Mund. *(Seine Hand küssend.)*

[14] BERKLEY. Hm! gute Jenny! – Lebe unsre Lord- und Mißschaft! – Aber ich kann nicht mit ihm zusammen wohnen. Wahrhaftig, ich käm in Versuchung ihn im Schlaf zu erwürgen. – O, gieb mir kindische Ideen! Ich find an nichts Freude mehr. All meine Lieblingssachen, meine Kupfer, meine Gemählde, meine Blumen, alles ist mir gleichgültig geworden.

CAROLINE. Wenn Sie's mit der Musik versuchten – vielleicht daß dies –

BERKLEY. Nu! laß doch sehen! –

CAROLINE. *(spielt ihm vor.)*

BERKLEY. Nein! Nein! o ich bin doch immer der weiche, närrische Kerl, aus dem ein reiner Ton machen kann, was er will. Und curios ist's Kind, es giebt Töne, die mir ein ganzes, trauriges Gemählde durch einen Klang, aus meinen widrigem Leben vor die Augen stellen; und wiederum welche, die meine Nerven so freudig treffen, daß wie der Ton zum Ohr kommt, eine der Freudens-Scenen aus meinem Leben da steht. Zum Beyspiel, so eben begegnete mir deine Mutter in dem Park zu Yorkshire, und hüpfte so recht freudig aus der dichten Allee, wo seitwärts der Bach sich schlängelt und murmelt, wie du dich [15] erinnern wirst. Ich hört es genau, und so das Fliegen-Gesums im Sommer um einen. Ich wollt sie so eben herzen, und ihr was lustiges erzählen, als du andre Saiten grifst. –

CAROLINE. Bester Vater! o meine Mutter! *(die Augen gen Himmel.)*

BERKLEY. Ja, so mit naßem Aug hinauf, ich weiß wie das ist. So sah sie oft, und ihr Aug, das redete wie das deinige. O Kind! Und wie du nun die Töne wandeltest, freylich wars Bushy und Hubert. Du siehst also daß das nicht geht. Ich weiß nicht wie's ist, daß ich just in mir so ganz anders aufgespannt bin.

CAROLINE. Ich weiß was Musik thut, was sie diesem Herzen giebt und nimmt. Sich so in eine Zauber-Idee hineinspielen, und wenn man sich denn umsieht ob er da ist – der! der! aller Töne Innhalt und Wiederklang – der! – Herz! mein Herz! *(erschrocken, ihre Augen verbergend.)*

BERKLEY. Hm! Hm! Herz mein Herz! – Setz dich zu mir und hilf mein Schloß wiederaufbauen. Siehst du! ich habs weit gebracht Gottlob! zerschlagen und wiederaufbauen! Ha! Ha! – Nu lustig! Nimm du den rechten Flügel und ich den linken. Und wenn der Pallast steht, so wollen wir die [16] bleierne Soldaten nehmen, und du commandirst ein Bataillon und ich eins. Wir schlagen uns herum wie Bushy und Hubert, dann machen wir Complot, greifen das Schloß an, werfen den alten Berkley nakend mit seiner kleinen Jenny und guten Weib heraus. Steckens an – Feuer und Flammen – he Miß!

CAROLINE. *(ihre Augen wischend, seine Stirne küßend)* Unglückliches Gedächtniß! daß der Himmel ruhige Vergeßenheit auf dein graues Haupt träufelte, alter Berkley! Vater uns mangelt nichts, uns ist wohl. Was ist Bushy, daß der edle Berkley in seinem sechzigsten Jahr seiner denken sollte.

BERKLEY. Ich denk seiner nicht, närrisch Kind! Was kann ich dafür daß mirs immer noch so bitter aufquillt. Ich fühls nur so.

CAROLINE. Das eben.

BERKLEY. Ich will dirs vorposaunen wie er mit deinem Vater umgieng. – Laß mich mit dem Blick! Nun ja, ich wollt ich hätt ihn, er sollte ruhig und friedlich sein Haupt in meinen Schooß legen. Aber hier müßtest du stehen und keinen Schritt weichen, sonst wenn er so vor mir stünde – o Gott! du hast uns wunderbar gebaut, wunderbar unsre Nerven gespannt, wunderbar unser Herz gestimmt!

[17] CAROLINE. Hatte Bushy nicht einen Sohn?

BERKLEY. Freylich. Ich möchte fast sagen einen braven rüstigen, wilden Knaben, wenns Bushys Sohn nicht wäre.

CAROLINE. Hieß er nicht Carl? hatte blaue Augen, braune

Haare, und war grösser als alle Knaben seines Alters? Es war ein hübscher, wilder rothwangigter Junge. Er machte immer meinen Ritter und stritt für mich.

BERKLEY. *(wild.)* Bushy! Bushy!

CAROLINE. Vater! o mein Vater! Ihre böse Stunde kommt. *(schmiegt sich an ihn.)*

BERKLEY. Geh weg! hatte ich nicht einen Sohn, einen braven, ungestümen, eigensinnigen Jungen, den ich in der schrecklichen Nacht verlohr? Leben gegen Leben wo ich Carl Bushy ertapp! Wär mein Harry da, ich wollte seine Faust eisern machen, sein Herz grimmig, seine Zähne gierig, er sollte mir Welt auf Welt ab traben, biß er Berkley an Bushy gerochen hätte.

CAROLINE. Mylord! schone deiner Tochter.

BERKLEY. *(verworren.)* Nun da! Laß mich doch was sinnen – ja was – willst du mit, Kind! – Ha ich will auf die Parade. Ich denk der Feind soll in einigen Tagen angreifen, und [18] dann rücken wir aus. Ha! Ha! Ich bin ein grauer, alter Kerl, gieb mir nur Kindheit und närrisch Zeug! Ha! Ha! Es ist toll Miß, und gut, daß heiß, heiß bleibt, und Haß, Haß, wies einem braven Menschen zukommt. Das Alter ist so kalt nicht, das sollen sie mir fühlen. Pack da mein Schloß zusammen, damit mir nichts verdorben wird. Adieu Miß, die Trommel geht. *(ab.)*

CAROLINE. *(ihm nachrufend.)* Nur gute Stunden, lieber Vater!

BERKLEY. *(kommt hastig zurück.)* Das weiß Gott, Miß, es war um Mitternacht, stockfinster, und er überfiel uns. Und wie ich morgens aus starrer Taubheit erwachte, mein Weib und keins meiner Kinder hatte, und ich schrie, winselte, und ächzte in Tönen – in Tönen – he!

und so die Hände hub, zum trüben Himmel: Gieb mir meine Kinder! Mach Bushy kinderlos, daß er fühle, was das ist kinderlos! da fand ich dich naß, kalt und erstarrt, hingst an meinen Hals, und schlugen deine zarte Hände und Beine zusammen. Miß Berkley! Ich stund da so trüb und todt in endlosem Schmerz, in endloser Freud eins meiner Kinder gerettet zu haben. Und du strichst mit zitternder Hand über meiner Stirne den kal[19]ten Schweiß hinweg. He! das war ein Augenblick Miß! *(fällt ihr um den Hals, herzt sie, bleibt stumm und unbeweglich. Erwachend.)* Ja Miß! sieh! es greift mich so an! – Und da ein Bote: Todt deine Lady! Und da ein Bote: Verschwunden dein Harry! – Ja Miß! und dieses Haus sollte Bushy haben! Nein, bey Gott nein! Adieu Kind! weine nicht.

CAROLINE. Nicht weinen? dein Kind nicht weinen? Lord Berkley geh jetzt nicht weg! Hier wirds so eng mein Vater! *(die Hand aufs Herz.)*

BERKLEY. Nein! Nein! Ich will dir die Tante und Nichte schicken. Berkley ist ein guter Soldat, und wenn er seine Späße getrieben hat, ists ihm gut. Adieu!

CAROLINE. *(allein.)* Wie wird das all noch werden? o seine Schmerzen nehmen Ausbrüche die mich zittern machen. Krieg da! und meine Thränen und Bitten vermögen nichts. Wohin denn ich? – Ich fürchte – ach des Leidens so viel und noch fürchten. Und ewig dieses Herzens Verlangen? *(nach dem Clavier)* Nimm mich in deinen Schutz! Nur du verstehst mich, dein Einklang, der Wiederhall meiner geheimen Empfindungen ist mir Trost und Erstattung. Ach jeder Ton, Er! Er! *(spielt einige Passagen, endet plötzlich* [20] *und fährt zusammen.)* Ja Er! *(in schwermüthigen Träumereyen versinkend.)*

Dritte Scene.

LOUISE. *(Tritt auf, tanzend und hüpfend.)* Guten Morgen Miß! – ja sieh nur liebes Bäschen! habe keine gute Laune. Ein Tag voller Vapeurs. Das ewige Gekeif mit der Tante um die Cavaliers! Es ist nicht zum Ausstehn. »Er macht mir die Cour, Nichte! Er hat mir die zärtlichste Dinge gesagt.« So geht das ewig fort. Ja wenn Lady Kathrin nur bedächte, daß Winter, Winter, und Frühling, Frühling bliebe, trotz aller unserer Kunst. Haben Miß unruhige Träume gehabt? Was hängst du den Kopf? Was ist dir Kind?

CAROLINE. Nichts, Nichts – mein Vater –

LOUISE. Ist er störrisch? Ist er wild? Ja was wollt ihr sagen. Wenn wir nur aus diesem abscheulichen Lande wären. Nach Londen Bäschen! nach Londen! da ist der Ort des Glanzes und der Herrlichkeit. *(sieht in Spiegel)* Für was bin ich schön hier? Für was dieses blaue, spielende Auge? Ganz Londen würde davon reden. Was nützen mir meine Talente, meine Lektüre, mein Fran[21]zösisch und Italienisch? Herzen zu fangen, das mein ich, wär unser Wesen. Hier! o ich vergehe. Glaub mir, ich laß mich vom ersten Engelländer entführen, der mir gefällt.

CAROLINE. Es ist dein Ernst nicht.

LOUISE. So ganz freilich nicht. Ich bin dir ja gut, und überhaupt bin ich gut, wenn ich nur viele Liebhaber zusammen hab, um meine Gewalt auszuüben. Aber Liebchen, du fühlst selbst, daß wir nicht am Platze sind. Wie viel meynst du, daß ich gegenwärtig Liebhaber zusammen hab?

CAROLINE. *(immer in Träumen.)*

LOUISE. *(im Gedächtniß mit lebhafter Aktion zusammen zählend.)* Ich kann ihrer doch nicht mehr als sechse zusammen zählen, weil ich die halben und verscheuchten auslasse. – Silly, der so lang und schwank ist, und immer die Augen fest zuhält, wenn er mit mir redet, als leimte sie mein Blick zusammen. Lezthin stotterte er mir so vor, immer mit geschlossenen Augen, und ich bohrte ihm mitlerweile Esel, die Tante lachte, als wollte sie bersten, daß ers nicht merkte. Und Boyet, der immer und ewig nichts anders sagt als: »Miß! ich liebe Sie!« Just als wenn im Dictionair der Galanterie weiter nichts stünde. Nicht einmal, Miß! [22] ich liebe Sie zärtlich; oder zum Sterben, oder so etwas. O, seine Sprache ist so kurz wie seine Finger. Ich kann ihn allenfals zum Zwergen brauchen, wenn sich einmal ein irrender Ritter hieher verirren sollte. Toby –

CAROLINE. Wars nicht ein lieber guter Junge, Carl Bushy?

LOUISE. Ein braver Junge von feurigem Muth und Sinn! – Den Hauptmann Dudley hab ich verbannt Miß! Stell dir einmal vor – ich weiß nicht was der Narr will. Vor einigen Tagen sagte er so recht weise: »Wir Frauenzimmer hätten gemeiniglich weit weniger Liebe, handelten mit weit weniger Liebe, als die Männer, und das wegen unsrer Weiblichkeiten.« Was will der ernsthafte Narr damit?

CAROLINE. Ich weiß es nicht.

LOUISE. Weiblichkeiten! denk doch! Weil ich etwa verdrüßlich schien, daß er dir letzthin so was sagte – ich verstunds nicht, aber er sagte es so, und sah so aus, als fühlte er etwas dabey, das ich noch keinem meiner Liebhaber abgemerkt hab. Ich bin nicht neidisch Base, du bist sanft, empfindsam, lieb, gut, ich schön, wild und launisch. – Und denn ist noch Stockley, den ich blos um mich [23] leide, damit er Miß Tranch nicht mehr besuche, denn die kann ich gar nicht ausstehen. Am Ende narr ich sie doch alle, und spiel sie herum wie der Knabe den Kräusel, ihnen ist doch wohl dabey. Die Liebe muß man nicht kennen, sagt Tantchen, bis man fünf und zwanzig Jahr alt ist, und dann hats seine Ursachen. Und ich weiß auch nicht was das heißen soll, lieben.

CAROLINE. Du bist glücklich Base, ich weiß es auch nicht; aber –

LOUISE. Wenn sie mich nur amusiren, mir die lange Weile vertreiben, meine Launen und Caprizen ausführen, ist's schon gut. Aber du weist was Liebe ist. –

CAROLINE. *(verwirrt.)* Wie heißen deine Bewunderer?

LOUISE. Ich hör die Tante husten.

Vierte Scene.

Lady Kathrin und Vorige.

KATHRIN. O, zum Sterben ärgerlich! Schnupfen, Husten, und so ein merkwürdiger Tag! Ja Ladys! – Kommt doch geschwind und macht euch zurecht. – Die Luft in diesem Lande ist mein [24] Tod. – Louischen, du mußt dich besser zurecht setzen. Du siehst nicht so ganz aus, wie du solltest.

LOUISE. Was ists denn, Tantchen?

KATHRIN. Das fühlt ich doch hier im Herzen so recht zum voraus. Drey Fremden sind angelangt.

CAROLINE. Ist das alles, Tante?

LOUISE. Nicht genug?

KATHRIN. Schöne Leute! o ein langer, wilder Bursche dabey, ich konnt ihm kaum am Bart reichen. Er fluchte und sah gen Himmel, als wenn er etwas so recht tief fühlte. Ich sah eben hinaus. O Ladys, es ist ein gutes Zeichen, wenn eine junge Mannsperson flucht. Engelländer sinds. Sag mir doch Louischen, wie seh ich heute aus? Engelländer sinds.

LOUISE. Und ich, Tantchen?

CAROLINE. Engelländer? Wie sieht er aus, Tante?

KATHRIN. Sie werden uns Visite machen – ja wie – wenn ich grün mit rosenroth gienge?

LOUISE. Es ist zu jung, zu alt, Tantchen. Kommen Sie, ich kann nie vor einer Stunde in so wichtigen Dingen zum Entschluß kommen. Wir [25] wollen Conseil mit Betty halten. Engelländer! o meine Engelländer!

KATHRIN. Tugendhaft und sittsam Miß! Lauf doch nicht so, ich komm ja außer Athem.

LOUISE. *(beyseit.)* Weil sie nicht fort kann. Ha! Ha! *(faßt sie am Arm.)* kommen Sie Tantchen, wir jungen Mädchens springen und hüpfen. –

KATHRIN. Böses Ding: *(gehn ab.)*

Zweyter Akt.

Erste Scene.

Betty führt Wild, Blasius und La Feu auf.

BETTY. Hier Mylords, belieben Sie zu warten, Myladys werden gleich die Ehre haben. *(geht ab.)*

LA FEU. Gut, meine schöne Iris! *(sich umsehend.)* Ey! es hatt schon so was liebes, anlockendes im Hereintreten. Es ist einem doch ganz anders in einem Damen-Zimmer. Es schauert mir so anmuthig ums Herz. Was schneidst du vor Gesichter, Wild?

WILD. Ich begreif mich noch nicht. So gut ist mir's, alle Gegenstände reden mit mir in die[26]sem Zimmer und ziehen mich an, und so erschrecklich elend, so erschrecklich ungewiß. Ich spring von Gedanken zu Gedanken, ich kann mich an nichts halten. Ach! dann nur, wenn es ganz rein zurückkehrt das unendliche hohe Gefühl, wo meine Seele in Schwingungen sich verliert, in der herrlichen Ferne ihr Liebesbild erblickt, in der Abendsonne, im Mondschein – Und ach! wenn ich denn auf den schnellen Fittigen der Liebe hineil, und es schwindet, verlieret sich immer vor mir. – Ja ich bin elend, ganz in den Gedanken lebend, ich bin elend! o mir! ich glaubte in diesem andern Welttheil zu finden, was dort nicht war. Aber hier ists, wie dort, und dort wie hier. Gott sey Dank! daß die Einbildung die Ferne so herrlich sieht, und steht sie nun am sehnlich erwünschten Punkt, wie der herum streifende Vagabond weiter flüchtet, im sichern Glauben, dort werde der unruhige Geist alles finden. So Welt auf, Welt ab, in zauberhafter, drängender Phantasie, und ewig das einerley, hier wie dort. Wohl Geist! ich folge dir!

BLASIUS. Traben die Centauren wieder vor deiner Einbildung. – Ich bin wieder so gar nichts, mag so gar nichts seyn. – Wild, es ist schänd[27]lich, was du dich ewig mit Gespenstern herum treibst.

WILD. Ich bitte dich – ich werde sie finden. –

LA FEU. Die Damen bleiben so lange!

WILD. Hört! ihr wißt, wie ich bin. Wann die Damen einen fatalen Eindruck auf mich machen, so denkt auf eine Entschuldigung, ich zieh ab.

BLASIUS. Und da hat man wieder seine Flegeley zu entschuldigen. Geh! machs wie du willst. Ich bin gar nicht gestimmt für Weiber, und doch muß ich mich mit ihnen abgeben, weil sie meistens so wenig sind, und ich gar nichts. – Du bist mir zum Ekel, Wild! mir wär's lieb, wenn du mich eine Zeitlang ungeplagt liessest.

WILD. Fällt mirs ein, dich aufzusuchen?

BLASIUS. Ich kann dich nicht ausstehen. Deine Kraft ist mir zuwider, du drückst mich todt, und daß du ewig nach Phantomen rennst – ich haß dich!

WILD. Wie Du willst. Du liebst mich auch wieder.

BLASIUS. *(ihn umarmend.)* Wer widersteht Dir? – Junge! Junge! ich bin unbehaglicher wie Du. Ich bin zerrissen in mir, und kann die Fäden nicht wieder auffinden das Leben anzuknüpfen. Laß! ich will melancholisch werden; nein ich will nichts [28] werden. Du sahst mein edles Roß in Madrid den Karren ziehen, ich weinte aus tiefer Seele, und Isebella wischte meine Thränen. Herrlichkeit der Welt! ich kann keine deiner Blumen mehr brechen. Ja wer diesen Sinn verlohren hat, wer dich verlohren hat ewige Liebe, die du in uns alles zusammen hältst!

WILD. Blasius, Du hast mehr als Du glaubst.

LA FEU. Wo die Damen bleiben? *(die Bücher durchsuchend.)* Myladys Bücher machen mir grosse Hofnung daß sie mit süsser Phantasie begabt sind. O die Romanen! o die Feenmärchen! Ach wie herrlich um all die Lügen! Wie wohl dem der sich vorlügen kann!

Zweyte Scene.

Lady Kathrin, Louise, (treten complimentirend auf. Verbeugungen von beyden Seiten.)

LA FEU. *(indem er sie erblickt)* Venus Uranie! Paphos Hayne! *(zu Lady Cathrin.)* Reizende Göttin dieser Insul! Ihr Anblick stimmt mein Herz zu Tönen der Liebe, und meine Nerven klingen das lieblichste Concert.

[29] KATHRIN. Mylord! *(eine Verbeugung.)* Mylord! *(coquetirend)* Fremde von Ihrem Werth machen uns das traurige Leben hier, leicht und angenehm. Ich habe die Ehre zu reden –

LA FEU. Du Blasius, sag doch wie ich heiße – das ist mein Vormund Mylady!

BLASIUS. La Feu, Mylady! *(zu Louise)* Miß ich wünschte Sie nicht gesehen zu haben, wenigstens in diesem Augenblick nicht. Ich bin so wenig –

LOUISE. Ha! Ha! Mylord – Blasius – nicht recht?

BLASIUS. So nennt man mich.

LOUISE. Also Mylord Blasius, mir ist leid, daß Ihnen mein

Anblick so schwer fällt. Freylich Mylord – *(eine spöttische Verbeugung.)* – Ha! Ha! Tantens Gegenwart macht den Herrn zum klingenden Instrument. La Vache sonante! Ha! Ha! o das ist zum Sterben! Nu Mylord so ernsthaft? –

BLASIUS. Ich bin nicht lustig – Schön und dumm! o mir!

WILD. Hier halts der Satan aus! *(ab)*

KATHRIN und LOUISE. Aber warum geht Mylord weg?

[30] LA FEU. Ich muß Ihnen sagen Mylady – Blasius Du weißts ja.

BLASIUS. Er hat Anfälle von Tollheit, Mylady's, und wenns ihn überfällt, treibts ihn weg.

LA FEU. *(auf Kathrin zeigend.)* Und der Anblick dieser Göttin könnte ihn nicht aufhalten?

KATHRIN. O Mylord – – – aber wie sehr bedaure ich, ein so schöner Mensch, ein so starkes wildes Ansehn.

LA FEU. Aber ein toller Mensch. Denken Sie er will in Krieg gehen.

KATHRIN. Und Sie?

LA FEU. *(sich kniend.)* Hier ist meine Wahlstatt.

LOUISE. *(verdrüßlich)* Nicht auszuhalten!

KATHRIN. *(La Feu ernsthaft aufrichtend)* Das Knien läßt Ihnen schön Mylord, vermuthlich deßwegen –

LA FEU. Ach! Sie richten auf mit einer Gottheit, mit einer Größe – Vor Mylady, mag sich schon manches Knie wund gekniet haben –

KATHRIN. O Mylord! wenn man nur nicht unbemerkt durchs Leben gegangen ist.

LOUISE. *(ärgerlich und schläfrig.)* Wo sind Sie Mylord? Der andere Welttheil wird Sie noch besitzen?

[31] BLASIUS. *(verdrüßlich und langweilig)* Mylady Sie befehlen –

LOUISE. *(eben so)* Mylord! Nichts –

KATHRIN. Und Sie Mylord?

LA FEU. Ach hin! hin! in Liebe entzückt! Glückliches, seeliges Schicksal das mich diese Bahn führte! Endlich hat dein Grimm nachgelassen, wilder Unstern! und ich fühle wieder neu das Zucken in meinen Adern – Reizende Göttin! ich wünschte mir kleine, kleine Mücken-Augen um alle ihre Reize und Schönheiten im Detail zu durchschauen.

KATHRIN. Welcher Ton! wie angenehm munter! – Sind Mylord lange von London? o wenn Mylord etwas von London erzählen wollten!

LOUISE. O von London! *(beyseit)* Die Leute sind nicht zum ausstehn!

LA FEU. Ja Mylady von London, und ich fühle nur was vor mir ist. London, Mylady! soll eine große Stadt seyn. Ich weiß wenig von der Welt. Gebohren bin ich in London. Komme von den Pyrenäen. O das sind hohe, hohe Berge! Ach Mylady und meine Liebe ist noch höher, wenn Mylady mich lieben könnten –

KATHRIN und LOUISE. Lieben? ha! ha!

[32] LA FEU. Kommt Ihnen das lächerlich vor, Myladys?

LOUISE. Allerdings Mylord! Nein wir lieben nichts.

KATHRIN. Still doch Nichtchen! der Unterscheid bleibt doch immer, und es kommt darauf an –

LA FEU. Ja reizende Mylady – das einzige was wir haben?

LOUISE. *(zu Blasius.)* Mylord träumen so immer fort. Alle meine Munterkeit verläßt mich bey Ihnen.

BLASIUS. Verzeihen Sie mir, ich bin so gerührt – Sie sind schön Miß!

LOUISE. Und Sie sehr unterhaltend.

BLASIUS. *(nach langer Pause.)* Sie haben Langeweile. Ich bedaure, daß ich Sie nicht besser unterhalten kann. Mein Unglück ist das immer, da nichts zu seyn, wo ich alles seyn sollte. Und ich liebe so stillschweigend, Miß, wie Sie sehen daß ich würklich im Fall bin. –

LOUISE. Lieben, Mylord? Was wollen Sie damit sagen? Stillschweigend lieben! Ach der Langeweile! Liebt Lord Wild auch so? Nicht als ob ich neugierig wäre – ich mags nicht wissen – Wenn Sie nur munter wären!

[33] BLASIUS. Ja munter! (ich ennuire mich zum Sterben. Mein Herz ist so kalt, so todt, und das Mädel ist so schön und lustig. –)

LOUISE. Ich kriege Vapeurs – Wollen Mylords den Thee in Garten nehmen? Das Zimmer bekommt Ihnen vielleicht nicht.

BLASIUS. Wies Ihnen beliebt.

LOUISE. O Himmel! *(schlägt ihn mit dem Fächer.)* werden Sie doch lebendig!

BLASIUS. Ich bin noch von der See – und habe – habe –

KATHRINE. *(die Zeit über mit La Feu still gesprochen.)* Nun Mylord?

LA FEU. Ja wie ich Ihnen sage, kommen Sie nur. O meine Göttin, ich bin vor Ihren Augen wieder alles geworden. Wer kann so viele Liebenswürdigkeit sehen, ohne daß nicht alle Fasern am Leibe lebendig werden. Ja meine Göttin! ich will Ihnen viel, viel von den Schwingungen der Liebe erzählen, die meine Phantasie über die Sonne jagen. Und Mylady! *(küßt sie.)* ich liebe Sie!

KATHRINE. *(bey Seite)* Das ist curios! ich versteh ihn nicht, und gefällt mir doch. *(laut)* Mylord, Sie sind –

LA FEU. O Sie! – mich deucht wir sympathisiren.

[34] KATHRINE. Was heißt das sympathisiren?

LA FEU. Gott behüte! So weit verstehe ich mich nicht Mylady, zu wissen was die Worte heißen.

KATHRINE. Was Sie boshaft sind Mylord! *(alle ab.)*

Dritte Scene.

MISS CAROLINE. *(allein.)* Waren dies die Engelländer? Ferne, ferne, ewig ferne! – Gut daß sie weg sind. *(in stiller Schwermuth verlohren.)* Ja so, just so sah er aus, wie er da eben aus meinen Augen hervortritt, und sich vor mich hinstellt. *(nach einem Ort hinreichend.)* O meinem Herzen so lieb! – Er bleibt so lange – Ach! ich werde Carl Bushy nicht mehr sehen, darf Carl Bushy nie mehr sehen! Und seh ich ihn nicht? *(begeistert.)* Meine Augen sehen nach ihm, mein Herz schlägt nach ihm, und es haben ihn meine Augen, und es hat ihn mein Herz.

Vierte Scene.

Wild. (tritt auf ohne anzuklopfen, den Huth durch die ganze Scene aufbehaltend, fährt zurück da er die Lady gewahr wird.)

[35] CAROLINE. *(erschrocken.)* Wie? Wer?

WILD. *(mit gehefteten Blick und ganzer Seele sie anschauend.)* Vergeben sie Miß, ich habe mich in der Nummer geirrt.

CAROLINE. Mylord! ein Irrthum der in einem Gasthofe leicht möglich ist. *(ihn unruhig anschauend.)*

WILD *(verworren, verwildert, forschend, an ihren Augen hangend.)* Mylady, darf ich? – Mylady – ja ich gehe – gehe ja schon – *(immer näher tretend)* aber Mylady – ich bleibe ja hier. – Und wenn Sie eine Engelländerin sind wie man mir gesagt hat, wenn, Sie –

CAROLINE. *(die sich zu fassen sucht.)* Mylord, darf ich bitten, mit wem habe ich die Ehre zu reden? Mein Vater wird sich sehr freuen einen Landsmann zu sehen.

WILD. Ihr Vater? Miß! Haben Sie einen Vater? – Ach! hier! hier! Mir ist so gut, so verwildert gut. – Ja Mylady, ich bin ein Engelländer – ein Unglücklicher – heiße Wild, und ist mir – ja Mylady in diesem Augenblick. –

CAROLINE. *(leidend.)* Wild? – Sind Sie nicht aus Yorckshire? Ihr Gesicht – Ihr – Ihr – ja Mylord aus Yorckshire, meyn ich, müßten Sie seyn.

[36] WILD. Aus Yorckshire? Nein! – Mir schlägts so in der Seele – ach hier find ich was ich in der weiten Welt suchte. *(ihre Hand faßend.)* Sie sind ein Engel Mylady, ein herrlich, gefühlvoll Geschöpf. *(zum Himmel sehend.)* Hast du mir noch solch einen Augenblick aufbewahrt! Lassen Sie mich's sagen! Ich fühl's so tief – Ihre Augen – ja Ihre Augen voll Seel und Leiden – und dieses Herz hier – zerrissen und tief! tief unglücklich. Ich reise hierher um mich in der nächsten Bataille todtschießen zu lassen – und – und – will mich todtschießen lassen.

CAROLINE. So verworren – o Sir, leiden Sie?

WILD. Ja leider! – o des Menschen Leiden ist so mannigfaltig – oft so wunderbar – und dabey – Myladys Name?

CAROLINE. Mein Vater, Mylord, ist Lord Berkley.

WILD. *(fährt zusammen.)* Lord Berkley! – das wars – das lebendige Bild!

CAROLINE. Was fällt Ihnen das so auf? Kennen Sie den unglücklichen Lord Berkley?

WILD. Kennen? Nein! – und sie Jenny Caroline Berkley?

[37] CAROLINE. Ja Sir! *(sich umsehend im äußersten Kampf.)* O Sir! Sir! wer sind Sie?

WILD. *(vor ihr kniend ihre Hände faßend.)* Nein Miß – ich bin – meine Zunge ist so schwach, meines Herzens so viel – ich bin – Miß Berkley – *(geschwind aufspringend.)* der Glückliche der Sie gesehen, der Sie durch alle Welten – *(nach der Thüre.)* der unglückliche –

CAROLINE. Carl Bushy! – Mein Carl!

WILD. *(an der Thür.)* Ach hier! hier! *(seine Arme nach ihr ausstreckend.)*

CAROLINE *(auf ihn zueilend.)* Carl Bushy und verläßt mich? – bist du? bist du? Nur dies Wort, ach! und laß sich denn meine Seele lösen!

WILD. *(sie umfaßend.)* Ja ich bins! Jenny! bin Carl Bushy! bin der glückliche – Jenny! – Ach! habe dich gefunden!

CAROLINE. Laß mich doch zu mir kommen! – die Freude – die Angst – du bist Carl – es ist mir – doch Carl Bushy!

WILD. Was erschrickst du? Was tödtest du die Freude in meinen Gebeinen, die mich durchbebt? – Ich bins, der dein Bild im Herzen, dich und deinen Vater in allen Winkeln der Erde suchte.

[38] CAROLINE. Meinen Vater! Meinen Vater! Rette dich! Er haßt Bushy und seinen Sohn. Rette dich! fliehe! Ach mich verlassen! fliehen! und habe dich noch nicht gesehen. –

WILD. Ich? Jenny! fliehen? und ich bin hier in deiner Gegenwart, hänge hier an deinen süßen Augen, und kehrt so eben die erste Freude meines Lebens zurück – fliehen? Wer reißt mich weg von hier? Alle Wildheit meines Sinnes ergreift mich! Wer reißt mich weg von hier? Wer reißt Carl Bushy von Miß Berkley? Laß deinen Vater kommen! bist du nicht mein, warst mein von den ersten Jahren der Kindheit? Wuchs mit dir auf, unser Herz, Seel und Wesen vereinigte sich. Warst meine Braut, eh du die Bedeutung des Worts verstundest. – *(kalt.)* Ich bleibe hier, Miß! ich bleibe hier. –

CAROLINE. Du machst mir so bang.

WILD. Soll ich gehen? – Jenny! Jenny ich habe dich ja.

CAROLINE. Laß mich doch einen Augenblick nach dem Balkon!

WILD. Gut, Miß! ich bleibe hier. Nichts bringt mich weg von hier. Der Himmel hat ein Band um uns geschlungen, das keine menschliche Hand [39] trennen kann. Hier warte ich den Feind deines neuen Vaterlandes ab, warte meinen Feind ab.

CAROLINE. *(sanft.)* Nur diesen wilden störrischen Blick nicht! – Versprich mir deinen Namen zu verbergen.

WILD. Was du wilst, o Jenny! Fühltest du einen Augenblick die Qualen, die dieses Herz durch die Welt jagten! Ich habe mich abgearbeitet, ich wollte mich zu Grunde richten. Und ach! diese Stunde noch übrig, mir diese Stunde noch übrig! und doch alles Elend? Aber ich will nichts sinnen und fühlen mehr. Ich habe dich ja, und Trotz sey geboten! Trotz sey geboten, dem Starrkopf!

CAROLINE. Was diese Verzweifelung, dieses schreckliche unbehagliche, dieser Grimm in deinen jagenden Augen?

WILD. Dein Vater! ja dein Vater! mein Vater – beyde zu Grunde. Miß! ich laß dich nicht. Es ergreift mich so ungestüm – ja Jenny du fliehst weg mit mir, verlässest dieses Land mit mir! *(sie umarmend.)*

CAROLINE. Laß mich doch!

WILD. Lauscht dein Vater auf mein Leben? – o es ist mir so wohl in dem Tumult. – Meine beste!

[40] CAROLINE. Einen Augenblick Carl! – wenn mein Vater käme!

WILD. Und noch Haß? Immer noch der rachgierige Berkley! Und meine liebende, süsse, kleine Miß! Gott sey Dank! der mir bey diesen ungestümen Sinn, so viel seiner liebsten Gabe zugetheilt hat. Ja Miß! nur die Liebe hat diese Maschine zusammen gehalten, die durch ewigen, innern Krieg ihrer Zerstörung jede Stunde so nah war.

CAROLINE. Guter Carl! du bist doch immer der wilde, gute Junge. So dacht ich dich mir. O die Jahre! die Jahre, die so hingingen! Glaubst du wohl, ich war dreyzehen Jahre, du funfzehen, wir wurden von einander gerissen, ich in diesen andern Welttheil, kam her, du warst da, ja du warst da, und wo ist der Ort in der Welt, den du nicht ausfülltest?

WILD. Und du! was denn nun? Was alles das mich plagte! Du bists, was ich in der Welt suchte und begehrte, dieses Herz auszusöhnen. Ich fand dich, fand dich in Amerika, wo ich den Tod suchte, find Ruhe und Seligkeit in diesen süßen Augen. *(umfaßt sie.)* Und so habe ich dich, so habe ich dich, Miß Berkley! Und halte dich, und [41] was Wild hält – ich kann deinen Vater erwürgen, dich zu besitzen. Aber so ists Wonne, so ists sanft. *(küßt sie.)*

CAROLINE. *(sich loswindend.)* Erschrecklich! Wild! Carl! wo ist der Blick, der mir Leben giebt für dies Wort?

WILD. Hier Miß! *(küßt sie.)*

Fünfte Scene.

Berkley. Vorige.

BERKLEY. Hm! Morgen -- He! was da? was ist das?

WILD. *(fest.)* Ich küßte Mylady.

BERKLEY. Und du Miß, liessests geschehen?

CAROLINE. Mylord!

BERKLEY. *(bitter.)* Adieu Miß!

WILD. Mylord, wollen Sie mich beleidigen? Ich bitte Sie Miß, bleiben Sie. Unmöglich kann Lord Berkley einen Menschen beleidigen, den er nicht kennt. Ich bin ein Engelländer, heiße Wild, und wollte Sie besuchen.

BERKLEY. Brav, mein Herr!

WILD. Ich habe gelitten in der Welt, habe gelitten und meine Sinnen sind etwas wirr gewor[42]den. Ungestüm bemeistert sich oft meiner. Ein Unglücklicher findet in der Welt so wenig Theilnehmung, ich fand sie bey Miß – Mylord und wo man das findet – ich küßte die Miß, und würde es gethan haben, wenn ihr Vater gegenwärtig gewesen wäre.

BERKLEY. So jung und unglücklich? Sehn Sie mich an! Mich, Mylord!

WILD. Ja, Mylord, so jung und unglücklich, und unglücklicher, da es an Geduld fehlt, da das Gefühl so stark ist. Es hat mich bitter gemacht, und nur diesen Augenblick fühlte ich, daß noch Freude in der Welt ist.

BERKLEY. Ich könnte mich für Sie intereßiren. Ich bitte Sie Sir, setzen Sie sich in ein ander Licht. Diesen Zug und diesen Zug in Ihrem Gesichte kann ich nicht ausstehn.

CAROLINE. O mein Vater, Mylord leidet so viel.

BERKLEY. Du könntest uns verlassen. Ich seh Mylord an, daß man aufrichtig mit ihm seyn kann. All sein verwildertes Wesen spricht so herzlich.

CAROLINE. Wenn Sie befehlen – *(Wild an der Thür bittend zuwinkend.)*

[43] BERKLEY. Und wie ich sage, Mylord – Sie müssen mir vergeben. Ich hatt einen Feind, einen gräßlichen Feind, der mich in die schrecklichste Lage versetzte, worin ein alter Mann nur kommen kann, und sahe Sie Mylord, wenn ich ihn ertapp wo's sey, bin ich gezwungen ihn zu martern, bis ich diese Züge, die ich an Ihnen tadle, aus seinem Gesicht verschwinden seh. Sie scheinen ein braver Mensch zu seyn, weiß Gott! ich thu mir Gewalt an, Ihnen nicht um den Hals zu fallen, und Sie wie einen Sohn zu herzen. Aber auch einen Sohn verlohr ich durch ihn. Und also Mylord, müssen Sie mir vergeben.

WILD. Wie Sie wollen, wie Sie wollen.

BERKLEY. Ja in dieser Unruhe, in diesem verzweifelnden Ton, worin Sie dies sagen, ich verstehe; und wie sich Blicke durchkreuzen, die einem das Herz abgewinnen könnten. Nur Geduld! man gewöhnt sich. Und wenn Sie unglücklich sind, und Galle haben, werden wir schon einig.

WILD. Daß ich diese habe, Mylord – aber wozu das all? Nun meine Bitte an Sie! Könnten Sie einem Menschen der mir gleich sieht, erlauben, als Volontair die Campagne gegen Ihre Feinde mitzumachen?

[44] BERKLEY. Von Herzen gerne. Seyn Sie willkommen! Ich will gleich zum General gehen. Kommen Sie doch mit!

WILD. Ich bin deswegen gekommen, und je eher, je besser.

BERKLEY. O Mylord! auf so einen Tag hab ich lang geharret. Mir ist nicht besser, als ein Canonenfeuer.

WILD. Mir wirds gut werden, hoff ich.

BERKLEY. Aus welcher Gegend von England sind Sie?

WILD. Aus London.

BERKLEY. Nun dann, Lord Berkleys Schicksal müssen Sie wissen.

WILD. Ich hab davon gehört.

BERKLEY. Nur nicht kalt drüber weg, junger Mensch.

WILD. Bin nicht kalt, Mylord, nur grimmig über die Menschen, die so vieles anders haben könnten, die sich ewig scheren.

BERKLEY. Hast du Sinne? Mensch! Hast du Herz? Ich bin Lord Berkley, verfolgt, verdrängt, ausgeworfen, um Weib und Sohn gebracht. Hast du Herz, junger Mensch, oder hat dich eignes Elend stumpf gemacht? nun denn, so strecke [45] dich aus und seegne die Welt! und kennen Sie Bushy?

WILD. Nein, Mylord!

BERKLEY. Haben Sie von ihm gehört? Ich bitte Sie, wie gehts ihm? Elend, kümmerlich?

WILD. Glücklich, Mylord!

BERKLEY. Schämen Sie sich! glücklich? haben Sie das Mädchen gesehn? Sehn Sie meine graue Haare, meine stirre Augen! Glücklich?

WILD. Hat Haus und Hof verlassen müssen. Ins Königs Ungnade gefallen, ist unsichtbar geworden.

BERKLEY. Tausend Dank, Mylord! tausend Dank! he, Bushy! so bin ich in etwas gerochen! Gehts ihm recht kümmerlich? Es kann ihm nicht elend genug gehen.

Nicht wahr? er hat kein Haus, das ihm Obdach gebe, keine Hand, die sein Alter pflegte?

WILD. Er ist glücklich, Mylord!

BERKLEY. Ich bitte Sie, gehn Sie aus meinem Zimmer. Sie sind ein Freund von ihm, und mein Feind. Haben seine Sprache, seine Mienen – und bey Gott! ich seh Bushy in Ihnen. Gehn Sie doch, wenn Sie einen alten Mann nicht aufbringen wollen.

[46] WILD. Glücklich, daß ers nicht achtet. Glücklich in seinem Sinn, meyn ich.

BERKLEY. Das sollt er nicht seyn. Seine Haare sollten ihm zu stechenden Schlangen werden, und die Fasern seines Herzens zu Scorpionen. Sir! er sollte nicht schlafen, nicht wachen, nicht beten, nicht fluchen können, und so wünschte ich ihn zu sehen. Dann wollte ich großmüthig seyn, ihm eine Kugel vor dem Kopf geben, sehn Sie! das hat er verdient, Ewigkeit Qual zu leiden; aber großmüthig wollte ich seyn, Sir, meiner Miß zu Gefallen. Hätten Sie meine Lady gekannt, Mylord, die aus Schmerz starb, *(Wilds Hand anfassend, der sie bey den letzten Worten zurückzieht.)* ich weiß, Sie würden mit mir Ihre Hände aufheben und Bushy und seinen Nachkommen fluchen. Aber sagen Sie mir, Mylord, wie gehts Bushys Sohn?

WILD. Zieht in der Welt herum ohne Ruhe. Elend durch sich, elend durch das Schicksal seines Vaters.

BERKLEY. Das ist gut, Mylord! Das ist gut! Glauben Sie, daß er noch lebt?

WILD. In Spanien jetzt.

BERKLEY. Aber ich habe Hoffnung, daß sein Vater ihn nie mehr sehen soll. Habe Hoffnung, daß [47] der junge

Bushy durch Liederlichkeit seinen Körper ruiniren, und in der besten Jugend hinwelken soll. Er soll ihn nie mehr sehen. Mylord, die Freude wäre zu groß einen Sohn wieder zu sehen. Denken Sie, seinen Sohn wieder sehen, was das einem seyn muß, ich könnte rasend werden. Wenn ich meinen Harry, meinen süßen störrischen Jungen so manchmal in Gedanken vor mir auf seinem Klepper reiten seh, und Vater! Vater! rufen und klatschen – Er soll ihn nie mehr sehen! *(Wild, der abgehen will.)* Bleiben Sie doch noch, Mylord! Aber sagen Sie mir, hat Bushy Vermögen davon gebracht? Mylord, wenn mir einer ewig von Bushys Unglück erzählte, ich wollte in der Welt nichts thun, als zuhören. Hat er davon gebracht?

WILD. Genug, Mylord, um in seinem ruhigen Sinn zufrieden leben zu können.

BERKLEY. Das ist mir leid. Ich wünschte ihn bey mir um ein Pfund betteln zu sehen. Glauben Sie daß ichs ihm gäbe?

WILD. Warum nicht Mylord? Er gäbe Ihnen was er hat.

BERKLEY. Meynen Sie? Nun, wenn meine Miß dabey stünde, vielleicht, vielleicht auch nicht. O es ist ein erschrecklicher Heuchler, der alte Bushy. [48] Ich fürcht, er brächte mich um ein Pfund mit seiner heuchlerischen Miene. Ist er nicht ein Heuchler, Mylord?

WILD. Nein, wahrhaftig nein!

BERKLEY. Was wissen denn Sie! Freylich müssen Sie seine Partie nehmen, da Sie seine Nase tragen.

WILD. Mylord, ich gehe schon.

BERKLEY. Vergeben Sie mir doch! Sagen Sie mir nur noch, wo ist der neidische Hubert hingekommen?

WILD. Begleitet den alten Bushy.

BERKLEY. Dank Sir! Elend?

WILD. Findt Stof genug für seinen rauhen Neid, und befindet sich wohl in seinem Humor.

BERKLEY. Behüte Sir! das verbitt ich mir. Er muß so viel leiden als Bushy. Ich bitt Sie, lassen Sie ihn leiden! Lügen Sie mir vor, er litte!

WILD. Nun Mylord, ich muß zu meinen Freunden. Sie besorgen doch, daß ich enrollirt werde?

BERKLEY. Ja Mylord, leben Sie wohl. Sie haben mir viele Freude gemacht. Kommen Sie bald zu mir, diesen Abend noch zu Tische. Ich könnte Sie fast lieb haben. *(Wild ab.)* Nun ist [49] mirs wohl. Ha! Ha! Bushy und Hubert, liegts schwer auf Euch? Gesegnet sey der König! – Geh doch! Es macht mir recht kindische Freude. Der Mensch da ist mir nur halb recht. Er hat so was fatales und starkes in seinem Wesen, just wie Bushy. Das weiß der Teufel! – Ich muß doch meiner Miß die Freude erzählen. *(ab.)*

Dritter Akt.

Erste Scene.

Einbrechende Nacht.
(Zimmer der ersten Scene des ersten Akts.)
Blasius. La Feu.

BLASIUS. Wild ist eben so wunderlich, so außerordentlich freudig; fährt herum, reicht nach dem Himmel, als wollte er ihn herunterziehen. Hab ihm Thränen auf den Augen glänzen sehen. Was mag der Mensch haben? Ich kann ihn nicht zum bleiben bringen. Mir ist kalt.

LA FEU. Lieber, lieber, Blasius, mir ist gar heiß.

[50] BLASIUS. Du bist das ewige Fieber.

LA FEU. Recht das ewige Fieber, wenn ich nicht ersticken will. Ich bin wieder verliebt durch den ganzen Körper, durch Adern und Gebein, durch die ganze Seele. Mir ist so heiß, ich fürcht noch aufzufliegen wie eine Bombe, und möchte sich denn mein reines Wesen erheben, und in den Busen der reizenden Lady niederlassen!

BLASIUS. Der alten Lady? La Feu!

LA FEU. Alt? Alt? Was ist alt? Nichts ist alt, nichts ist jung. Ich kenne keinen Unterschied mehr. O ich bin auf dem Punkt, wo's einem anfängt wohl zu seyn. Glaubst du wohl daß ich alles vergessen hab, als hätt ich aus dem Lethe getrunken. Mich plagt nichts mehr. Ich kann die Krücke nehmen und betteln gehen. Es muß einem endlich so werden.

BLASIUS. O säß ich noch im Thurm!

LA FEU. Es kann einem nicht übel seyn im Thurm. O thäten sie mir den Gefallen und schmissen mich hinein! Ich wollt mich so seelig träumen, so glücklich! träumen muß der Mensch lieber, lieber Blasius! wenn er glücklich seyn will, und nicht denken, nicht philosophiren. Sieh! Blasius, in meiner Jugend war ich ein Poet, hatte glühende, [51] schweifende Phantasie, das haben sie mir so lange mit ihren eißkalten Waßer begoßen, bis der letzte Funken verlosch. Und die häßliche Erfahrung, die scheußliche Larven von Menschengesichtern all, wenn man alles mit Liebe umfassen will! Da ein Hohngelächter! da ein Satan! – Ich stund da wie ein ausgebrannter Berg, gieng durch Zauber-Oerter, kalt und ohne empfangendes Gefühl. Das schönste Mädel rührte mich eben so wenig, wie die Fliege die um den Thurm schwirrt. Um des Elends loß zu werden, bestimmte sich meine Seele anders zu fühlen, und zu sehen wo ihr kalt bleibt. Alles ist nun gut, alles lieblich und schön!

BLASIUS. Säß ich im Thurm wieder, wo Spinnen, Mäuse und Ratten, meine Gesellschaft ausmachten!

LA FEU. Saßest du denn im Thurm?

BLASIUS. Freylich, freylich. In einem hübschen Thurm, und sah durch ein Loch das nicht größer war als ein Auge. Mit einem Auge nur konnt ich Licht sehen. Da guckte ich bald mit diesem, bald mit jenem heraus, um nicht Lichtscheu zu werden. Da kriegt der Mensch Empfindungen, La Feu! da schwillt das Herz und [52] dann dorrt das Herz – und versiegt der Mensch. Ich konnte dir einen ganzen Tag auf einen Fleck sehen – und sehen – *(starr und weg.)* He was? In Madrid, La Feu, und in London *(bitter)* gepriesen sey das Menschengeschlecht! he! sie meintens gut mit mir. Ich war der ehrlichste Kerl von der Welt.

LA FEU. Das war dein Fehler, lieber, lieber Blasius.

BLASIUS. In Madrid thats die Inquisition wegen meiner Equipage. Und in London, weil ich einen Kerl erschoß, der mich um mein Vermögen brachte, und mir meine Ehre dazu rauben wollte.

LA FEU. Ja Blasius! lieber Blasius! erschießen muß der Mensch nichts.

BLASIUS. O wenn dann nur die Gefühle des Menschen ein Ende nehmen wollten!

LA FEU. Wie stehst du mit der Lady?

BLASIUS. Laß mich gehen! ich hab mich ennuirt. Sie ist lustig und schön, und so kalt wie Schnee, und scheint so keusch, wie Dianens Nachthembd. Sie schert einen, ich bin todt und schläfrig *(gähnend.)* Gute Nacht Donna Isabella! O säß ich einmal wieder zu deinen Füßen, Gütigste! *(schläft ein.)*

[53] LA FEU. Ich muß vor der Lady Fenster Wache halten diese Nacht. Es ist eine gar liebe reizende Lady, zu der man alles sagen kann, und die einen versteht ehe man spricht. Ich will doch einmal ein Feenmärchen schreiben.

Zweyte Scene.

WILD. *(in Uniform tritt auf)* Wie ists euch?

LA FEU. Gut! Gut! Wild. Blasius schläft, und ich träume. Ich muß doch Verse an Lady schicken.

WILD. Liebster La Feu! *(umfaßt ihn.)* Liebster Blasius *(umfaßt ihn.)*

BLASIUS. He was ist dann? Hat denn der Mensch nie Ruh?

WILD. Mir ist wohl worden. O meine Lieben! mir ist wohl worden.

BLASIUS. Wohl bekomm dirs, mir ists weh! *(schläft wieder.)*

WILD. Nun so behüt Euch der Himmel, ich will meine Seele in die Lüfte ausgießen *(ab.)*

[54] Dritte Scene.

See-Kapitain Boyet. Wirth. Vorige.

WIRTH. Was befehlen Sie, Mylord!

KAPITAIN. Nichts! Nichts als daß Sie weggehen sollen.

LA FEU. *(sitzt und schreibt in Extase.)*

KAPITAIN. *(zu seinen Leuten.)* Geht ihr alle beyseit! Kleiner Junge bleib hier! Nu süßer Knabe!

MOHR. Rauher Capitain, was willst du?

KAPITAIN. Willst du dich noch für mich todtschießen lassen?

MOHR. Hier steh ich schon, guter Lord. Du hast mir aber weh gethan! Bey den Göttern! Du bist manchmal so toll wie der Tyger, du Seekrebs! – Sieh, auf meinem Rücken liegen Beulen wie meine Faust, harter Lord!

KAPITAIN. Weil ich dich lieb hab, Affe!

MOHR. *(seine Stirne küßend.)* Schinde mich! zieh mir die Haut übern Kopf, wilder Lord! bin dein Junge, bin dein Affe, dein Soley, dein Hund. *(sich um ihn schlingend.)* Hast meinem Vater das Leben und Freyheit gegeben – *(Kapitain kneipt ihn.)* O weh, was kneipst du mich!

[55] KAPITAIN. Hab dich lieb. Willst du Cadet seyn, Junge?

MOHR. O Lord! Lord! mir einen Degen, und stell dich hinter mich, wenn dein Feind kommt. Guter Lord! Tygerthier! toller Lord! mein Blut im Leib hat dich lieb, und klopft unter der Haut.

KAPITAIN. Zuckerrohr von einem Mohrjungen! Willst du Schläge haben?

MOHR. Willst du geschmeichelt haben? Soll ich deine Wangen streicheln?

KAPITAIN. Hast du die Schiffe gesehen die vorbey segelten?

MOHR. Ja Lord. Warum wagtest du dich?

KAPITAIN. Nicht zu streichen vor Ihnen. Ihnen unter die Nase zu lachen und das letzte wegzukapern.

MOHR. Ach kriegtest doch einen Kanonenschuß, und der Matrose und Soldat todt.

KAPITAIN. Füll meine Pfeife! Wer wird darüber reden? Todt Junge, todt, das ist all nichts. Fürchtst du dich fürm Tod?

MOHR. Wenn du lebst – ja. Ich wollte gern bey dir seyn.

KAPITAIN. Jezt wollen wirs einmal hier versuchen. Der Tod fürcht sich vor mir. Zehen Jah[56]re gefahren und keine Wunde, außer von dem Schurken von Schottländer.

MOHR. Wenn die Mütter und Väter alle kämen, die du kinderlos gemacht hast. –

KAPITAIN. Sanfter Junge! Du taugst für die See nicht. Halt meine Pfeife! Stell mir einen Stuhl unter die Füsse! *(sieht sich um.)* He wer ist denn da? Junge, scher mir doch die Leute ein wenig. Du bist so müßig. Ich bitt dich Knabe, zopf den Schläfer dort an der Nase, ich kann niemand schlafen sehn, bis ich ruhig bin. Und der Schreiber dort, der so um sich fährt – plag ihn! *(Der Mohr zupft Blasius an der Nase. Hält dem La Feu von hinten die Feder, als er eben schreiben will.)*

LA FEU. Lieblich strahlt dein Auge! – he! he!

BLASIUS. Hm! Flegels alle!

KAPITAIN. Meine Herren, ich wollte Bekanntschaft mit Ihnen machen. Sind Sie von der Armee?

BLASIUS. Nichts bin ich. *(schläft ein.)*

KAPITAIN. Das ist viel. Und Sie?

LA FEU. Alles, alles.

KAPITAIN. Das ist wenig. Kommen Sie, Herr Alles! wir wollen uns ein wenig baksen, daß meine Gelenke in Ordnung kommen. *(pakt ihn an.)*

[57] LA FEU. O weh, du Centaur! das ist nichts für die Phantasie – *(setzt sich nieder.)* Lieblich strahlt dein Auge! Die dumme Reimen! Auge, lauge, brauche, sauge. Aus denen Lieb ich sauge. Ja so –

KAPITAIN. Junge, laß mir keinen Menschen ruhig! und fürchte dich nicht. Je toller du's machst, je besser. Zopf mir den Schläfer, Knabe! *(der Knabe thuts.)*

BLASIUS. Flegel! Esel! Wild! *(schlägt um sich.)* Wild! wenn du nicht ruhig –

MOHR. Einen Schlag! einen Schlag!

KAPITAIN. Wild! mein Herr! Wo ist er? geschwind!

BLASIUS. Was weiß ich?

KAPITAIN. So viel kann ich Ihnen sagen, entweder Sie sagen mir wo Wild ist, oder Sie machen einen Gang mit mir.

BLASIUS. Lassen Sie mich ruhen, und denn will ich sehen ob mirs beliebt.

KAPITAIN. Beliebt? mein Herr!

BLASIUS. Ja, beliebt! Sie werden doch hören.

KAPITAIN. Das gefällt mir. Ich will zum General ohnedies erst. Hab ein hübsches Schiff mit gebracht. Ich verlaß mich auf Ihr Wort. [58] Gut, daß ich dich find, Sir Wild. Komm Knabe!

MOHR. Ich folge schon.

BLASIUS. Der Hund! Wie führt den der Satan her? Es ist der Schiffskapitain oder der Teufel. Muß doch den Wild aufsuchen. Gönnt mir den Schlaf niemand!

LA FEU. Laß dir doch vorlesen!

BLASIUS. Laß mich!

LA FEU. Das will ich am Fenster singen. Du hast ja Myladys die Promenade versprochen.

BLASIUS. Ich komm vielleicht.

Vierte Scene.

BLASIUS. *(begegnet Wild und dem Kapitain an der Thür.)* Hätt ich doch bald einen Gang vergebens gethan. *(setzt sich still hin.)*

LA FEU. *(Liest seine Verse denn ab, Mohr spielt mit Kindereyen.)*

KAPITAIN. Brav daß ich Sie find.

WILD. Gut! sehr gut!

KAPITAIN. Sie wissen doch daß ich Sie nicht leiden kann?

WILD. Darnach hab ich noch nicht gefragt.

[59] KAPITAIN. So will ich's Ihnen zeigen. He Schottländer! mich soll der Donner erschlagen, Du darfst Gottes Luft nicht mit mir einziehen. Ich hab vom ersten Blick einen

solchen Haß auf Dich geworfen, daß meine Faust nach Degen und Pistol greift, wenn ich Dich von weiten erblick. Geschwind Knabe, mein Gewehr!

WILD. Du weißst Kapitain, daß Du grob und beleidigend bist, und daß ich Dir dann nichts schuldig bleib. Du zwangst mich, Dir in Holland eine Kugel zu geben, und bey meiner Seel! es schmerzte mich, da ich Dich sinken sah, so um nichts und wieder nichts.

KAPITAIN. Deine Kugel stak tief, aber eine Kugel die im Fleisch sitzt, ist keine Kugel, und zündet nur die Lebens-Geister an. Glaub mir, wann Du niederfällst, pfeif ich Dir ein Sterblied, das meine Matrosen pfeifen, wenn der Sturm am toll'sten wütet.

WILD. Dank Kapitain! wie Du willst.

KAPITAIN. Weil ich will, und muß. Weil Du für mich ein so krötenmäßiges, fatales Ansehen hast. Weil, wenn ich dich seh, meine Nerven zukken, als wenn mir einer den widrigsten Laut in die Ohren brüllte.

[60] WILD. Ich kann Dir sagen, daß ich Dich leiden kann. Demohngeachtet – wenn mirs kein Ernst ist, um des Spasses halben. Ich hätt heute nicht nöthig mein Leben wegzuwerfen, doch weil Du brav bist, und wir nun einmal nicht aus einem Ort zusammen leben können, und ich jetzt hier leben muß –

KAPITAIN. Das ist hübsch! Weist Du was? Schottländer! ich muß jetzt zum General, wir wollens bis Morgen versparen.

WILD. Auch gut! So geh ich erst in die Bataille.

KAPITAIN. Und ich mit. Aber der Teufel soll Dich hohlen, wenn Du Dich todtschießen läßest. Das merk Dir! *(ab.)*

Fünfte Scene.

Garten. Mondschein.
(Lady Kathrin und Louise gehen spazieren.)

LOUISE. Die Abendluft, liebes Tantchen! Sie husten ja erbärmlich.

KATHRIN. Husten! dummes Ding! husten – ha! ha! ich bitt Dich Kind! o Kind! *(immer dabey hustend.)*

[61] LOUISE. Was denn?

KATHRIN. Ein schönes Geschenk wenn du erzählst –

LOUISE. Nu daß ich Langeweile habe, kann ich Ihnen sagen, daß mir in meinem Leben keine abgeschmacktere Kerls vorgekommen sind, als die zwey Fremden, kann ich Ihnen wieder sagen.

KATHRIN. Abgeschmackte Kerls? ha! ha! La Feu! der englische süße Mylord La Feu! der Cherub unter den Männern! Ha! Ha! Nichtchen, ein prächtiges Geschenk, wenn Du mir ihn preisen hilfst. Setz Dich nieder, wir wollen alle seine liebenswürdige Eigenschaften durchgehen, und so die Nacht mit seinem Lobe hinschleichen sehen, und, wenn die Sonne kommt, von neuen anfangen.

LOUISE. Ja der Wild, Tantchen! der Wild! haben Sie ihn gesehen? Ich sah ihn vorhin durch die Büsche schleichen. Der Wild, Tantchen!

KATHRIN. Nicht Wild, La Feu. Hast Du seine Augen angesehn?

LOUISE. Sie sind, glaub ich, etwas verdorrt, matt und ausgetrocknet. Glanz und Feuer sah ich wenigstens nicht drinnen.

KATHRIN. Ich bitt Dich, sieh jene Sterne an! den Glanz, das Flimmern und seine Augen!

[62] LOUISE. Nu!

KATHRIN. Merkst Du nicht was ich sagen will? o er spricht, die Liebe macht Poeten, und die Poeten vergleichen so. Augen Glanz, Sterne Glanz! – und seine Haare!

LOUISE. Wir sind ja noch nicht über seine Augen einig. – Der Blasius hat mich um all meine Munterkeit gebracht mit seiner dummen Langeweile. Hab ich denn schon aufgehört auf die Männer zu wirken?

KATHRIN. Seine Haare, Nichtchen! so blond, so süß blond!

LOUISE. Er trägt ja eine Perücke.

KATHRIN. Eine Perücke? Ha! Ha! Amor in einer Perücke! Wie kannst Du nur so wenig aufmerksam bey solchen Schönheiten seyn? Nein, dein Geschmack ist der beste nicht.

LOUISE. *(verdrüßlich.)* So sind sie wenigstens Ziegelroth.

KATHRIN. Laß mich allein, Du kleiner Eigensinn! und Tante mußt du mich auch nicht immer nennen, wenn ich so in einem Liebes-Gespräch begriffen bin. Sag lieber: Mylady!

LOUISE. Wo sie denn bleiben, sie versprachen mit uns im Mondschein spazieren zu gehen.

[63] KATHRIN. Wart doch nur, La Feu kommt gewiß.

LOUISE. Tantchen! wissen Sie auch daß ich den Wild gesprochen hab? Er kam diesen Gang herauf, und konnte und wollte mir nicht ausweichen. Ich that ganz fremde, und bat um seinen Nahmen. Da stotterte er so verwirrt, er hieße Wild, als wärs eine Lüge. Ich habe so meine Gedanken drüber. Und daß er bey Miß Berkley so lange allein war. – Er ist verliebt in sie, bey allen Sternen! verliebt in sie! Er gieng so kalt von mir weg, und strich an mir vorbey wie ein rauher Wind.

KATHRIN. Der Blasius ist verliebt in Dich.

LOUISE. Ja der! Wenn wir nur wüßten, wer es wäre der Wild.

KATHRIN. La Feu weiß es gewiß, wir wollen ihn fragen.

Sechste Scene.

LA FEU. *(in einiger Entfernung.)* Find ich dich nicht meine Liebe? Wo bist du, daß ich diesen Gesang zu deinen Füßen lege? dir vorsing das Loblied deiner Reize? kränze dein duftendes Haar!

LOUISE. Rufen Sie Ihren Adon!

[64] KATHRIN. Still! laß ihn doch reden! o die Worte der Liebe sind köstlicher als Weihrauch.

LA FEU. Wandre den Garten auf und ab nach dir meine Liebe.

LOUISE. Mylord!

KATHRIN. Unfreundlich Mädchen! Er hört Dich doch nicht. – Mylord!

LA FEU. Ach dieser Ton entzündet mein Blut *(herbeyeilend.)* Ach Mylady! Stunden irr ich herum in liebestrunkner Phantasie. Hab Dir einen Kranz geflochten, Venus Urania! Wandle nun in den Haynen von der Liebe bekränzt. *(bekränzt sie.)*

LOUISE. Ins Tollhaus mit dem Narren!

KATHRIN. O Mylord! wie angenehm – wie sehr freu ich mich! –

LA FEU. Freuen? Ja freuen! In der Liebe freut sich alles, ohne Liebe trauert alles. Ich habe Denkmale der Liebe gestiftet, die nie verwesen werden, sollte auch mein Herz verwesen.

KATHRIN. O Mylord! Ihr Herz wird nie verwesen.

LOUISE. Sie husten immer mehr, Tante! Fragen Sie ihn doch!

KATHRIN. Ja Mylord, eine Bitte an Sie. Wollen Sie uns wohl sagen den wahren Nahmen Ihres Begleiters, des Wilds!

[65] LA FEU. Wild? Ist denn der noch hier? Ist er nicht im Krieg?

KATHRIN. Noch nicht, Morgen, Mylord.

LA FEU. Glückliche Reise!

KATHRIN. Aber er ist in meine Miß verliebt.

LA FEU. *(auf Louise zeigend.)* In Mylady?

LOUISE. *(verdrüßlich.)* Mein Mylord!

KATHRIN. Ich beschwör Sie bey allen Liebes-Göttern! sagen Sie mir seinen wahren Nahmen.

LA FEU. Wann ichs mich erinnern könnte – hm – wollen Sie's denn wissen?

KATHRIN. Freylich! Geschwind!

LA FEU. Ja, ich hab kein Gedächtniß, Mylady! Ich meyn, er jagte einmal einen Bedienten fort, der's verrieth. Mir hat ers glaub ich verboten.

KATHRIN. Nein gewiß nicht.

LA FEU. Wißen Sie das? – ich kann nicht drauf kommen – Karl glaub ich –

LOUISE. Weiter Mylord!

LA FEU. Bu – Bu – o mein Gedächtniß – Karl Bu – Bu –

LOUISE. Bushy? Mylord!

LA FEU. Ja, ja Bushy, glaub ich.

LOUISE. Da haben wirs, ihr Karl! ihr Bushy! –

[66] KATHRIN. Das muß mein Bruder wissen.

LA FEU. Ey behüte! das muß niemand wissen, als Sie. – Kommen Sie doch, lassen Sie uns den Reihen der Liebe im Mondschein tanzen. *(springt mit ihr.)*

KATHRIN. O, Mylord!

LOUISE. Ich will Ihnen doch zum Verdruß mit gehen. *(in eine Allee ab.)*

Siebente Scene.

WILD. *(tritt auf.)* Die Nacht liegt so kühl, so gut um mich! Die Wolken ziehen so still dahin! Ach sonst wie das alles trüb und düster war! Wohl mein Herz! daß du dies schauerhafte wieder einmal rein fühlen kannst! daß die Nachtlüftchen dich umsäuseln und du die Liebe wehen fühlst in der ganzen stillen Natur. Glänzet nur Sterne! ach Freunde sind mir wieder worden! Ihr werdet getragen mit allmächtiger Liebe, wie mein Herz, und flimmt in reiner Liebe, wie meine Seele. Ihr wart mir so kalt auf jenen Bergen! und wenn meine Liebe mit euch sprach, drängten sich volle Thränen hervor, ihr schwandet aus den nassen Augen, und ich rief: Jenny, mein Leben! [67] Wo bist Du blieben, Licht meiner Augen? So hieng ich oft an dir, Mond! und dunkel wards um mich, da ich nach der reichte, die so ferne war. Ach daß alles so zusammen gewebt, zusammen gebunden mit Liebe ist. Wohl dir! daß du wieder das Rauschen der Bäume, das Sprudeln der Quelle, das Gemurmel des Bachs verstehst! daß alle Sprache der Natur dir deutlich ist. –

Nimm mich auf in deine liebliche Kühle, Freund meiner Liebe! *(sich unter einem Baum legend.)*

Achte Scene.

CAROLINE. *(das Fenster aufmachend.)* Nacht! stille Nacht! laß dirs vertrauen! Laßts euch vertrauen, Wiesen! Thäler! Hügel und Wald! Laß dirs vertrauen, Mond und all ihr Sterne! Nicht mehr nach ihm weinend, nicht mehr ihm seufzend, wandle ich unter deinem Licht, sonsten trauriger Freund! Nicht mehr klagend antwortest du mir, Echo, daß du keinen andern Wiederhall, als seinen Namen kanntest. – Karl! Hallt das nicht süß durch die Nacht? Karl! nicken meine Blumen mir nicht freudig zu? Eilen nicht die Winde herbey, meinen Ruf zu seinem Ohr zu bringen? Ihr sollt euch freuen mit mir, einsame Plätzchen! [68] Will dirs vertrauen, düstrer Ort, *(indem sie ihn gewahr wird.)* und dir, der du dort im Schatten vergraben liegst, lieblicher Lauscher!

WILD. Leben! mein Leben!

CAROLINE. Freund meines Herzens!

WILD. Fittige der Liebe mir! ich habe sie. *(steigt dem Baum hinauf.)*

CAROLINE. Halt dich fest, mein Lieber, die Aeste biegen.

WILD. Laß sie biegen, stark sind die Schwingen der Liebe, *(nach ihrer Hand reichend.)* Miß! meine Miß!

CAROLINE. Nicht so verwegen, trau den Aesten nicht!

WILD. Hänge an deinen Augen. Laß mich athmen! gieb mir doch, daß ich fühlen könnte, sagen könnte, was das ist, dieser Augenblick. O traurige Nächte all, wie seyd ihr verschwunden! Hast sie alle getilgt, Himmel, hast mich hieher geführt! – Miß! liebe Jenny! was ist dir? Rede, meine Liebe! was verbirgst du mir deine süße Augen?

CAROLINE. Reden! – ja reden! –

WILD. Thränen, meine Liebe?

CAROLINE. Die ersten Thränen der Freude.

WILD. Beste! meine Liebe!

[69] CAROLINE. Und auch! die Thränen des Kummers. Wild! was hast du gemacht? O weiche doch, Licht! – Unglücklicher, was hast du gemacht?

WILD. Jenny, meine Knie wanken. Was ist dir?

CAROLINE. Dieser Rock, der morgende Tag – ach du und mein Vater! Warum eilst du in Tod und mußt nicht?

WILD. Dich zu verdienen. Laß diesen Rock! es ist mir so wohl drinnen worden. Laß! und auch diesen Wunsch befriedigt.

CAROLINE. Weh mir! Todt!

WILD. Todt! und umgiebt mich die Liebe. Laß mich wandern in Todesthälern, hier führt die Liebe zurück.

CAROLINE. Und die Bothschaft mich zu dir.

Neunte Scene.

La Feu, Blasius, Lady Kathrin und Louise kommen die Allee herauf.

LOUISE. Was ist das auf dem Baum dort?

CAROLINE. Ich höre meine Base, Karl! entferne dich!

[70] WILD. Laß sie kommen! ich seh dich wieder, *(springt herunter. Bleibt am Fenster in tiefen innern Gefühl ste-*

hen.) Morgen! ja morgen! und was denn nun, wenn ich ausgestreckt liege. Hat doch dieses Herz alles gefühlt, was Schöpfung schuf, was der Mensch fühlen kann. O, diese Nacht! diese Nacht! und der morgende Tag! Ich seh dich wieder! und dein Bild, das bey mir bleibt, das mich hinüber führt – ich seh dich wieder. *(starr zum Himmel.)* Ich seh sie wieder! seh dich wieder, wie jezt! So fest, wie das Band, womit du umwunden bist! ich seh sie wieder! Liege hier und meine Brust erweitert sich. *(Sie kommen näher.)*

LOUISE. Haben Sies gesehen, Tante? er wars und sie! Sie warens, sag ich. Sahen Sie ihn? sahn Sie sie? Sehn Sie ihn! O ich möcht den Mondschein wegziehen, der garstige Mensch!

KATHRIN. Geht michs was an? komm zu meinem Bruder, wir wollen ihm die Neuigkeit. –

LA FEU. Was Mylady? Sie wollen gehn? Und die Nacht wird immer phantastischer. Die Sphären klingen immer reizender.

BLASIUS *(setzt sich nieder.)*

LOUISE. Nu Mylord?

[71] BLASIUS. Ich bin so müd – kann nicht von der Stelle. Der Spaziergang ist so naß und kalt, bekommt mir übel –

LOUISE. Schämen Sie sich Mylord, sollten wenigstens nichts sagen.

BLASIUS. Ja sagen – Feuer ist Feuer, und matt ist matt. *(steigt auf.)*

LOUISE. *(Wollen an ihm vorbey gehn. Gehn an Wild vorbey. Er ohne sie zu bemerken.)*

LOUISE. Das ist impertinent!

Vierter Akt.

Erste Scene.

Nacht. (Berkleys Zimmer wie oben.)

BERKLEY. Morgen Bataille – ha! ha! ha! das nenn ich doch was, wenn einmal Bataille ist. Halt dich brav, alter Lord! schläft sich gut die Nacht! – ha! ha!

BEDIENTE. Mylord! es ist ein Herr außen.

BERKLEY. So spät – laß ihn nur kommen. Sir Wild?

BEDIENTE. Nein, er nennt sich Seekapitain.

[72] BERKLEY. Trag ihn auf den Händen herein, wenns der Schiffs-Kapitain ist, ders Schiff mitbrachte. *(Bediente ab.)*

Zweyte Scene.

KAPITAIN. Mylord! der Wirth sagte mir, daß ein Engelländer oben wohne, ich konnte nicht zu Bett gehen, ohne Sie zu sehn.

BERKLEY. Willkommen, tausendmal willkommen, wilder, guter Seemann!

KAPITAIN. Willkommen. Ich hab Ihnen ein Compliment gemacht als ich einlief. Ein reiches Englisches Schiff, Mylord. Uebrigens ich bin müd. *(der Mohr stellt sich hinter ihn, und spielt mit seinen Haaren.)*

BERKLEY. Legen Sie sich, setzen Sie sich. Wies gefällt.

KAPITAIN. Es freut mich doch – *(sieht ihn starr an.)* Ja Mylord, es freut mich. – Wär ich einmal zu meinem Ziel gelangt. Fahr die ganze Welt durch. –

BERKLEY. Das ist gut, Sir! daß ich Sie sehe. Sie treffen meine Seele wunderlich. Muß Sie küßen, Sir!

KAPITAIN. Mylord! alle meine storre Wildheit verläßt mich bey Ihnen.

[73] BERKLEY. Lieb! gut! Geist meines Harry! wohnst du noch hier! Wem suchen Sie auf, Sir?

KAPITAIN. Einen alten Mann. Weiß der Himmel, fahr zehen Jahr auf der See, bin verlohren bis ich ihn find.

BERKLEY. Harry! ist das nicht? hast du seine Seele, hast du sein. – Harry! ich meyn ich müßt ihn aus dir herausrufen.

KAPITAIN. Mylord, wer sind Sie?

BERKLEY. Wer ich bin? – Gott im Himmel! im Himmel! Harry! Harry! du bists –

KAPITAIN. Harry Berkley –

BERKLEY. Mein Sohn!

CAPITAIN. Vater! mein Vater! *(an seinen Hals.)*

BERKLEY. Mein Harry! he mein Junge! drück ich Dich denn in meine Arme! o mein Harry! es ist mir so freudig, meine Augen werden dunkel.

KAPITAIN. O mein Vater! hab die Welt umfahren nach Ihnen, alle Inseln durchkrochen.

BERKLEY. Ja doch, Du bists. Du hast das wilde, stirre der Berkleys. Das rollende Droh-Aug, das feste, das unerschütterliche, entschloßne. He Harry! Harry! Laß mich doch nur recht freuen. Ein so tapfrer Seemann, mein Harry! Uns ein Schiff mitgebracht und mein Harry!

[74] KAPITAIN. O mein Vater! – das hab ich ha! ha!

BERKLEY. Ich werde toll für Freude noch. Ich muß ein wenig ausruhen. Die Freude schwächt mich so, und meine Glieder tragen sie nicht mehr *(setzt sich.)*

KAPITAIN. *(ihn umarmend.)* Unglücklicher Vater, was magst Du gelitten haben!

BERKLEY. Wenn Du nur nicht, wenn Du nur nicht – Du bist ja da. Ich habe nichts gelitten. – Nein sitzen kann ich nicht. Caroline! Caroline! Miß! Miß! um Gotteswillen Miß!

KAPITAIN. Meine Schwester!

BERKLEY. Harry! Caroline! Sie sind da! *(zum Himmel.)* Hast mir sie wieder gegeben! diesem Herzen sie wieder gegeben! ich kann ja nicht weinen jetzt, da steht er – o mein Harry!

KAPITAIN. Mein Vater, die Worte wollen nicht herauf. – Wo ist denn meine Schwester? und meine Mutter?

BERKLEY. Mutter! Mutter! Harry! o Berkley dein Weib – Miß! Miß!

Dritte Scene.

Caroline. Vorige.

BERKLEY. *(zur Miß.)* Willst Du heulen? willst Du weinen und springen?

[75] CAROLINE. Mylord!

BERKLEY. Er ist da: da! dieser! dieser! dieser da!

KAPITAIN. *(sie umarmend.)* Meine Schwester, meine liebe! –

CAROLINE. Mein! Mein!

BERKLEY. Ja ich kanns nicht sagen für Weinen und Freude. Harry! Ach ihr könnt nichts hervor bringen, so freuts euch. Ha! Ha! Alter! was du da siehst – o meine Kinder!

(umfaßt sie.) Nun geb der Himmel dir auch deinen Sohn wieder alter Bushy!

CAROLINE. O Mylord! dieser Wunsch macht Deine Tochter ganz glücklich.

MOHR. *(kniet sich vor Berkley und Miß.)* Alter Mann, ich bin dein Sclav! Gute Miß, bin dein Sclav!

KAPITAIN. So Junge!

BERKLEY. Steh auf Schwarzer! gieb mir deine Patsche!

MOHR. Segne Dich Gott! ich bin Dein wie ich hier bin, und dein Lady!

CAROLINE. Du sollst mit mir zufrieden seyn. Lieber Bruder. Lieber Harry! wie ließest du uns so lange nach dir weinen? –

BERKLEY. *(zum Kapitain.)* Sprich doch! rede doch!

[76] KAPITAIN. O meine Mutter, Mylord! ich seh meine Mutter nicht. Hab ihr so vieles mitgebracht, und Dir Miß! Wo ist meine Mutter?

BERKLEY. Freu Dich doch erst!

CAROLINE. Liebster! Bester! *(weinend.)*

KAPITAIN. Weinst Du? todt! he Mädchen! sprich aus, todt?

BERKLEY. Ja todt! beym Himmel ein Engel Gottes! o ich möchte wahnsinnig werden, daß meine Lady nicht hier steht mitten unter euch, wie ein beschattender erquickender Baum, ihre Hände auf eure Häupter legte und so euch seegnete. Das sanfte, liebe Weib! sahst du herab wie dein alter Lord auf Dornen lag, den rauhen Pfad des Kummers gieng? Sieh jezt herab! – daß sie nicht dasteht mitten hier! Verflucht sey Bushy! Laß ihn seinen Sohn nie mehr sehen, durch ihn verlohr ich Sie!

KAPITAIN. Meine Mutter todt? Auch durch ihn todt? Verfluchter Gedanke, daß ich ihn der See gab!

BERKLEY. Der See gab? was?

CAROLINE. Bruder! mein Bruder! Rede!

KAPITAIN. Gerochen Vater! an Bushy und Hubert. Ha! ich war ein kleiner Junge und [77] fühlte was Sie uns thaten, und rächte Euch eh ich Euch fand.

BERKLEY. Thatests du das? Goldjunge! Harry! Harry! Wie? wie? du süßer Junge?

CAROLINE. Doch nicht todt mein Bruder?

KAPITAIN. Freylich, freylich.

CAROLINE. Ists das! das! – Gott im Himmel! *(sinkt auf einen Stuhl.)*

KAPITAIN. Was will das Kind? He Miß!

BERKLEY. Ich will sie aufwecken. He Miß! Miß! der Bushy unser Feind! er ist todt! wachst du auf? Ich wachte von den Todten auf, riefst Du mir das? Wir sind gerochen, Miß!

Vierte Scene.

Wild. Vorige.

WILD. Mylord! Sie bestellten mich – *(indem er die Miß gewahr wird.)* Miß!

KAPITAIN. He, was Teufel will der Schottländer? Morgen schießen wir uns.

WILD. Miß, Jenny! was ists?

BERKLEY. He Mylord! so viel Freude – fataler Mensch! so viel Freude – das ist mein Sohn, Sir!

[78] WILD. Der Kapitain? Nun dann! auch das noch – Miß! liebe Miß!

CAROLINE. Wild! Wild! gehn Sie doch!

BERKLEY. Noch eine Freude, Mylord! noch eine Haupt-Freude! Seyn Sie lustig, ich vergeb Ihnen, daß Sie so aussehen. Mein Sohn hat den alten Bushy erschlagen. Er ist todt, Mylord! mein Freund! – Nu keine Freude! was sieht Ihr Aug so grade hin? Mylord!

CAROLINE. Mein Vater!

KAPITAIN. Ich ließ ihn, weiß Gott! bey einem der gräßlichsten Stürme, die ich auf der See erlebt, mit Hubert in einer kleinen Barke auf die See setzen. Es war Nacht und donnerte fürchterlich, pfif so melodisch brüllend über der See, daß mirs Herz gellte, und was mich verdroß, sie mucksten nicht. Hätten sie gebethen und gefleht, bey allen Elementen! ich hätt sie vielleicht aufgehangen, oder auf eine wilde Insel ausgesetzt, denn es kam eben eine Ladung von Wellen daher, der ich meinen Hund nicht vertrauet hätte. Sie waren aus meinem Gesicht verschwunden, wie sie kaum in die Barke stiegen. Nur bey den Blitzen sah ich sie in der Ferne kämpfen, und es heulte so bitter um mich, daß ich die Freude [79] nicht haben konnte, sie von der See verschlingen zu sehn, und ihr Geächze zu hören. Aber der Sturm spaßte nicht.

CAROLINE. Es wird so kalt – *(matt hinsinkend.)* es ist so todt –

BERKLEY. He denn! was machst Du? es gellt mir wirklich selbst in der Seele –

WILD. Thuts das Mylord, und was denn mir? Ha so erwache doch in mir – bist Du denn so erstarrt – so hin – he! he! he! kalt Miß! he! Miß! Erwache mit mir! he! he! he! Es ist wirklich kalt!

KAP. Nun Schottländer was frierst Du denn?

WILD. *(zieht den Degen.)* Nimm deinen Degen! he! nimm Deinen Degen! oder ich würge Dich in diesem Fieber, und freß Dirs Herz aus dem Leib. Und dir Alter! he! kalt! und friert mich? Zucken meine Finger? he! und wachsen ans Gewehr, und will nicht eher ruhen, bis Du da liegst, und ich Dein Leben aus Deinem Blut sauge. Kalt ich?

KAPITAIN *(seinen Degen ziehend)* He! Schottländer, wenn Du nicht länger warten kannst –

BERKLEY. He! was willst du stöhren – was? *(auch seinen Degen ziehend.)*

CAROLINE. Mein Vater! Mein Bruder! Wild! *(in Wilds Armen sinkend)*

[80] KAPITAIN. Was hat das Mädel mit dem Schottländer? Willst du weg! Laßts euch nicht wundern, Vater, wir haben uns mehr geschlagen, habe ihm ewigen Haß geschworen.

BERKLEY. Und da ist meiner ewig, ewig, er gleicht Bushy.

KAPITAIN. Willst Du bis Morgen warten, Stirn gegen Stirn zu schießen?

WILD. Ja – ja doch – sieh nur dies Herz! nur dies Gehirn! *(schlägt ihm auf dem Kopf)*

KAPITAIN. Bist Du rasend?

KAROLINE. Mein Vater! soll ich denn sterben hier?

BERKLEY. Ich will Dich –

Fünfte Scene.

Lady Kathrin, Louise und Vorige.

L. KATHRIN. Guten Abend, Bruder! – was sollen die Degen? Ey Gott! das kann einen erschrecken – und es freut mich dir in der Person Sir Wilds Carl Bushy den Bräutigam deiner Tochter vorzustellen.

BERKLEY. Carl Bushy?

LOUISE. Ja, ja lieber Onkel! ganz gewiß. Sein Freund La Feu hat das all erzählt.

[81] KAPITAIN. Rechtfertigt sich nicht mein Gefühl? Waren die Eindrücke, die er auf mich machte, nicht wahr? – Du hast zu lange gelebt!

WILD. Ich bins. Ihr hörtet auf Menschen zu seyn, seht in mir euren Mörder. Und diese ist mein Alter! *(die Miß in seine Arme nehmend.)*

BERKLEY. Sie haßt dich, da sie weiß wer du bist. Geht Miß bald aus meinen Augen? – Harry! ich konnte ihn nie ausstehen, was machen wir mit ihm? *(Caroline, Berkley umarmend.)* Nein ich thu ihm nichts. Harry!

L. KATHRIN. Harry! Ey Harry: Was soll das?

BERKLEY. Mein Sohn ists – Freude genug. Geht nur weg von hier!

LOUISE. Das ist hübsch, daß er da ist.

L. KATHRIN. Ey sieh doch! Berg und Thal kommen nicht zusammen, aber die Menschen. Guten Abend denn Harry!

BERKLEY. Geht nur!

KAROLINE. *(bittend)* Mein Vater! mein Bruder!

BERKLEY. Schleppt sie fort!

(Lady Kathrin Louise mit Karoline ab.)

WILD. Gute Nacht, Miß! wir sehn uns wieder.

[82] KAPITAIN. So! hier doch wohl nicht?

WILD. Also auf die See haben Sie ihn ausgesetzt, den rechtschafnen Bushy? –

KAPITAIN. Auf die See, den rechtschafnen Bushy.

WILD. Mitten im Sturm?

KAPITAIN. Mitten im Sturm, Carl Bushy!

WILD. Du thatst das nicht Kapitain.

KAPITAIN. Beym Satan ich thats!

WILD. Einen alten schwachen Greis?

KAPITAIN und BERKLEY. Bushy wars!

WILD. *(spöttisch.)* So laß mich Dir doch zu Füßen fallen, großer Alexander! der Du mit einem Schiff voll Leute, zwey alte Greise überwältigen kannst. Das sind Trophäen! Und haben nicht einmal ihre Hände gegen Dich aufgehoben? ihren Mund nicht geöfnet? Daran erkenn ich Bushy. Soll ich Dir nun das Siegeslied anstimmen? Das will ich, bey Bushys Blut hier! Das will ich, tapferer Held! Ein Schiff voll Menschen und zwey alte schwache Männer! ha! ha! ha! o Schurke! Schurke! welch große Thaten!

KAPITAIN. Schurke?

WILD. Freylich! mehr noch! Memme. Alter! freu Dich doch einen solchen Sohn gezeugt zu ha[83]ben! Freu Dich seiner Thaten: bey Gott sie sind groß. Und große Thaten verdienen große Belohnungen. He! He! Wart nur Kapitain! Balladen will ich drüber absingen in Londens Straßen, so bald die Mord-Geschichte zu Ende ist. He! He!

KAPITAIN. Wild! bey allen Teufeln ich stoß Dich durch!

WILD. He! He! warte doch bis ich meinen Degen eingesteckt habe.

MOHR. *(zu Wild.)* Mann! wenn Du nicht so grimmig aussähst, wollt ich Dir etwas zeigen, das ich einem von den alten Männern gestohlen habe. Ein Bildchen von einer Weißen ists. Ich zerriß meine grause Haare über den Alten, so weh that mirs. Der Alte war gut. Das ists!

KAPITAIN. Knabe! *(tritt ihn.)*

MOHR. O weh!

WILD. Er war gut, Junge! *(küßt ihn.)* Er war gut!

MOHR. Hatte mich so lieb! Ich war krank und acht Tage hielt er mich in seinen Schooß, und drückte meinen heißen Kopf, labte mich bis der Kapitain ihn fand.

WILD. Das all! Nu Junge! – *(das Bild ansehend.)* Mutter! Mutter! meine Mutter! hold[84]seelige! Ist doch nichts von Liebe mehr in mir, o entzünde den letzten Funken, und laß ihn auch noch in Rachgierde und Grimm auflodern! He meine Mutter! zur andern Stunde! Ich danke Dir Knabe!

MOHR. *(heimlich.)* Hab Dir noch mehr zu sagen.

KAPITAIN. Knabe! was machst du?

MOHR. *(zu seinen Füßen.)* Hier! *(die Hände auf die Brust legend.)* ich muß!

WILD. Mitten im Sturm! was sitzt ihr da? Sinnt ihr auf Meuchelmord? Kapitain! ich will brav seyn gegen dich. Gut wars, daß du erzähltest, wie niederträchtig du gehandelt hast, sonst hätt ich dich so eben in voriger unbegreiflicher Kälte niedergestoßen. Ich will dich nicht unbewafnet angreifen, und so morgen. Aber schlafen kann ich nicht bis du da liegst ausgestreckt, und dann will ich dich mit Freuden-Gebrüll in die See schleppen, bey Carl Bushy!

KAPITAIN. Bin da morgen früh.

BERKLEY. Ihr sollt mir erst in die Bataille.

WILD. Ja Alter! ja! in die Bataille. Gute Nacht, Knabe! *(zum Mohren)* Wenn ihr euch einfallen laßt, mich mit einigen Hunderten diese [85] Nacht zu überfallen, so kommt nur, ich bin wach.

BERKLEY. Wollt Ihr nicht zu Tisch bleiben?

WILD. Canibalisch allenfalls, Mylord! des Kapitains Fleisch gelüstet mich. *(ab)*

KAPITAIN. Wart bis ich verfault bin.

BERKLEY. Komm mein Sohn! wir wollen zu Tisch gehn.

KAPITAIN. Ich ruh nicht bis der Mensch aus der Welt ist. Er drückt mich wo ich ihn seh, und ich bin sein Feind von Anbeginn, eh' ich ihn kannte.

BERKLEY. Er ist ein Bushy! das ist genug. Aber laß den Bushy jetzt Bushy seyn und komm an mein Herz, Du mein Leben!

Sechste Scene.

(voriger Garten.)
Blasius. La Feu. auf einer Rasenbank sitzend.

BLASIUS. Magst Du auch hier nicht weg mehr die Nacht, la Feu?

LA FEU. Laß mich nur gehn, die Nacht thut mir so wohl, und mein Herz stimmt sich so neu –

BLASIUS. O unter dem Himmel hier mein Leben verhauchen diese Stunde! – Mir ist gut [86] jetzt, da ich den Gedanken wiederum fest kriegt hab, da er zu Empfindung, zu tiefem Gefühl worden ist. Gesegnet seyst du Erde, die du dich uns mütterlich öfnest, uns aufnimmst und schüzest! Ach! wenn denn der Mond dämmert, die Sterne flimmern über mir, der ich eingewiegt liege, in tiefem süßen Schlaf. Ich werde noch dieses Gefühl haben. Du wirst mir da seyn, ich werde dir da seyn. Laß denn den Sturm hinfahren, die Winde heulen über mir, du giebst Ruhe deinem Sohn. Gütigste Mutter, meine Pilgrimschaft ist zu Ende, habe die Dornen betreten, habe auch Freude genossen, hier bin ich wieder!

LA FEU. O Blasius, himmlischer Blasius! hier an Deiner Brust, an Deinem Herzen, saug ich ein mit Dir –

BLASIUS. Liebe, Unglückliche alle die ich verlassen hab, weinet nicht nach mir, vergeßt mich! Ich konnte Euch nicht geben, keine Ruhe, keine Hülfe, ich hatte nie. Vergebt mir! Wie tausendmal war mein Herz zerrissen, wie tausendmal bebte meine Seele, wenn ich so unterlag den Menschen, so unterlag dem Grimm des Schicksals, und ich hier nicht weg konnte, da nicht weg konnte. Die Berge zu übersteigen hatt ich [87] Muth genug, aber früh schnitten sie mir die Schwingkraft entzwey. O wer des Herzens, des Gefühls zu viel hat hier! O weh! – liebliche Lüfte gebt mir Liebe noch! La Feu! ich fühl diesen Augenblick nichts von Unbehaglichkeit. Ich fühl eine Stunde, wie sie die fühlen müssen, die eben die Erde verlassen wollen, und die ich immer als die herrlichste dachte. Mein Herz ist so bebend – aber die vorübergehende Fieberhitze – ach die Krankheit der Seele! – Gute Nacht Bruder! Gute Nacht Bruder Wild! und alle gute Seelen, die hier und dort seufzen! – Dank für diesen Augenblick! – Gute Nacht!

LA FEU. Blasius! Blasius!

Siebente Scene.

Wild (tritt auf mit gezogenen Degen.)

BLASIUS. Wild! Bruder!

LA FEU. Was ist Dir? O Schrecklicher, stöhr meine Seele nicht!

BLASIUS. Ich bitt Dich, Bruder! laß meinem Herzen Ruh – Du tödtest mich – Was ist Dir!

WILD. Was ist aus mir worden? Ist alles so anders um mich geworden? ha alles erstorben! – Vater! mein Vater!

[88] BLASIUS. Wild, lieber Wild!

WILD. Geht weg! was wollt Ihr von mir!

LA FEU. Was ist dir dann?

WILD. Keine Antwort von mir! Ich bin euch und der Welt nichts, bis ich Rache habe! schreckliche Rache! Geht ihr bald! Und du! hast du Gewalt über deine Zunge? Geht weg, wenn ihr mir nicht unterliegen wollt!

LA FEU. Bruder! ich bin unschuldig.

WILD. So geh nur!

BLASIUS. Da stürz ich wieder zusammen in mir, Bruder!

WILD. Laßt mich doch in der tauben Fühllosigkeit, worinn ihr mich seht! *(Blasius und La Feu ab. Wild, dem Fenster der Miß gegenüber bleibend.)*

Fünfter Akt.

Erste Scene.

(Berkleys Zimmer.)
Caroline und Betty.

CAROLINE. Betty, liebe Betty! ists denn noch nicht vorbey?

[89] BETTY. Nein liebe Miß! alle Glieder zittern mir. Man hört immer noch schießen. Aber so stark nicht mehr. Sie meynen, wir siegten. O, Gott! es kommen so viele Verwundete! gar schöne Leute, Miß! da war eben einer mit einem halben Kopf. Das Herz möchte einem brechen.

CAROLINE. Sieh, Betty! Ich habe Muth! fühlst du nicht, daß ich Muth habe?

BETTY. Meine Miß! Sie zittern ja, wie ich. Der liebe alte Lord! und der Kapitain! und der fremde Lord!

CAROLINE. Betty! –

BETTY. Ja, wenn einer todtgeschossen würde, ich raufte mir die Haare aus.

CAROLINE. Betty!

BETTY. O, Sie werden ja ohnmächtig!

CAROLINE. Laß mich nur allein. Ach jeder Schuß, den ich hörte, traf einen von ihnen, traf mich. Laß mich nur, liebe Betty!

BETTY. Ich will nur sehen, obs noch nicht vorbey ist. *(geht ab.)*

CAROLINE. *(allein.)* O diese Nacht! diese Nacht! und dieser Morgen! Wie haben nur meine zarten Fibern gehalten! ich begreifs nicht. Wo kam diese Stärke her? War auf dem Punkt mit ihm [90] zu fliehen, ihn Rache nehmen lassen und dann mit ihm fliehen! Wie kam dieser Gedanke in meine Seele? und daß er sie so ganz erfüllte? Ach, wie er so vor mir stund in peinigendem, grimmigem Schmerz, sein Leiden, seine Sinnen trüb, und denn wild machte – Ihn in aller dieser Qual von mir zu lassen! und jezt vielleicht zerbrochen seine Stärke, erkaltet sein Herz. – Karl!

Zweyte Scene.

MOHR. *(tritt weinend auf.)* Ich kann keinen finden von ihnen. Ach mein Lord, mich allein gelassen! Und kann auch den guten andern Lord nicht finden, dem ich so viel zu erzählen habe. Ich armer Knabe! ich!

CAROLINE. Guter Junge! guten Morgen!

MOHR. Ja, liebe Miß! wie ich aufwachte, war mir recht lustig, da hatt' ich eben die ganze Nacht meinen Vater, den Zukai und meine Mutter besucht. Du kennst ihn nicht. Ey du solltest ihn kennen, und wie ihn die Nachbarn lieb haben, und die Feinde fürchten. Sie wollten mich nicht fort lassen, und gaben mir zu essen allerley. Jezt bin ich traurig.

CAROLINE. Armer Knabe!

[91] MOHR. Gute Miß! wo sind wir dann? Was knallt denn so immer fort? Weißest du denn nicht, wo der Lord ist, mit dem mein Lord und der alte so böß ist? Er war so traurig wie du, und ich wollte ihn lustig machen.

CAROLINE. Du? Wen?

MOHR. Ja ich. Wie er heißt, weiß ich nicht. Aber wegen

seinem Vater. Dir darf ichs nicht sagen, gute Miß! ob du mich schon nicht verrathen würdest, weil du gut bist. Ich hab sie angetroffen. Heysa! drückte mich der Alte! Sieh einmal Miß, er küßte mich, und meine Wangen waren naß, da ward meine Brust dick drüber, daß ich nicht Athem genug hatte. Er ist gar gut, der Alte.

CAROLINE. Wer denn, lieber Knabe?

MOHR. Still Miß! still! du könntest mirs eben ablauschen, und ich plauderte alles. Dein Vater ist ihm nicht gut, und des Kneipens, Schlagens, Tretens wäre kein Ende für mich. Horch! es kommt jemand. Das ist gut. Ich will den Lord suchen.

CAROLINE. Komm mit mir!

MOHR. Ich will dir weinen helfen, gute Miß! ach ich habe oft zu weinen! wir Schwarzen lernen [92] weinen gar früh von Euch, aber ihr lacht dann! *(geht ab.)*

CAROLINE. Du sollst nicht weinen, Knabe, bey mir.

Dritte Scene.

La Feu, Lady Kathrin. (Beyde auf phantastische Art mit Blumen geschmückt treten auf.)

LA FEU. O goldne Zeit! O Herrlichkeit! Ach der ewige, der ewige Frühlingsmorgen in meinem kranken Herzen! Sehn Sie nun, meine Liebe! mein ganzes künftiges Leben, möcht ich so eben, fern von allen Menschen, in einen poetischen, arcadischen Traum verwandeln. Wir säßen an einer kühlen Quelle; unter den Schatten der Bäume, Hand an Hand, besängen die Wunder des Herzens und der Liebe. Und, Mylady! das wär das einzige Mittel, all meine vergangne tragische Situationen zu vergessen. Wir wollten nicht über die Menschen klagen, nicht bitter von ihnen reden, wie Blasius, ewiger Friede in uns, mit uns, und allen, dauernde Freude sollte um uns herrschen. Was mir die Menschen gethan haben, vergeb ich Ihnen so herzlich, als ich Sie [93] liebe. Sehn Sie, Lady, mir hatte der Himmel Empfindungen gegeben, mit denen ich unmöglich bey den Menschen fort kommen konnte. Freylich haben sie mich abgeschliffen, aber Mylady, diesem Herzen blieb noch ein Winkel unverdorben. Und da trats nun hervor, und der Himmel vergebs dem, der mich störe, und das verkehrt nennet!

LADY KATHRIN. Ich versteh noch nicht genug. –

LA FEU. Ach so will ich meine ganze Empfindung in Ihre Seele legen! Meine Diana! einen süßen, sanften Traum wollen wir träumen, immer so süß wie der erste Kuß der Liebe. Nur phantastisch! Blumenreich!

LADY KATHRIN. Sie entzücken mich!

LA FEU. Ich bin willens ein Schäfer zu werden. Das war mein Gedanke von lange her. Nur fehlte mirs an einer Schäferin, die hab ich in Ihnen gefunden, liebliche Seele!

LADY KATHRIN. O Mylord! und Schäfchen, einen Schäferhut, Schäferstab, Schäferkleid weiß mit roth! Ich hab noch solche eine Maske aus London mitgebracht. Ich sterbe für Freude bey denen süßen Gedanken.

[94] LA FEU. Ich kleide mich in einen unschuldigen Schäfer. Wir kaufen uns eine Heerde. Wild schenkt uns einen von seinen Hunden. Und so wollen wir das Leben wegphantasiren. Ewig in Friede, ewig in Liebe leben! o der Seeligkeit!

LADY KATHRIN. Mylord! Mylord! Und auch Schäfchen?

LA FEU. Ja, Mylady! und auch eine Hütte. Ich Ihr Schäfer!

LADY KATHRIN. Und auch – ha Mylord – heurathen? –

LA FEU. Behüte! ganz geistig, ganz phantastisch. Das ist der Reiz davon. Nur stößt sichs an etwas. Was vor Namen wollen wir denn annehmen in unsern unschuldigen Stand?

LADY KATHRIN. Recht zärtliche, Mylord!

LA FEU. Ja freylich recht zärtliche, Damon ich, und Sie Phillis.

LADY KATHRIN. Ja Mylord! diese Namen haben mir immer in den Poesien wohlgefallen. Ich Phillis! Laßen Sie uns doch geschwinde Anstalt machen.

[95] Vierte Scene

Blasius und Louise. Vorige.

LOUISE. O Tante! Ich habe Kopfweh. Mir ist nicht wohl, und Blasius ist wieder so stumm wie ein Fisch, und wenn er ein Wort spricht quält er einen. Er spricht gar von Heurathen.

LADY KATHRIN. Pfuy!

BLASIUS. Ich sag ia nur, wir hätten die besten Eigenschaften darzu. Weil wenn wir beysammen sind, ich Langeweile habe und Miß Langeweile hat. Diese zu haben und zu ertragen, gehört ja zum Ehestand. Unsre Virtuosität besteht darin, also –

LOUISE. Was sprechen Sie wieder? Ueberhaupt muß ich Ihnen sagen, daß ich Ihrer völlig müde bin. Sie haben mich durch Ihr fatales Betragen ganz aus meinem Wesen gebracht, ich bin mir selbst ärgerlich worden. Sonst war ich lauter Freude, lauter Heiterkeit, ein Tag wie der andre, aber Sie verderben alles, gehn Sie nur!

BLASIUS. Miß! Warlich Ihr Gesicht ist mir oft ein guter Sonnenschein! lassen Sie michs manchmal anblicken, nur reden Sie nicht.

LOUISE. So! wenn ich eben wollte, und dann einzuschlafen für lauter gutem Sonnenschein.

[96] BLASIUS. Verstehn Sie doch nur!

LOUISE. Schämen Sie sich!

BLASIUS. Hm! hm! ich bin herabgespannt wieder heute, das Gott erbarm!

LOUISE. Tante! wir wollen spielen. Nein tanzen – Tanzen Sie nicht Mylord?

BLASIUS. O weh!

LOUISE. Es ist mir so dumm – der Mensch da.

L. KATHRIN. Ich hab Dir viel zu erzählen, gar viel. Hör, wir wollen ein Schäferleben führen. La Feu ein Schäfer, und ich eine Schäferin.

LOUISE. Ha! Ha! Ha!

BLASIUS. Wohl la Feu! Gedeyen und Glück!

LA FEU. Ja Bruder! ich will träumen bis an meinen letzten Tag.

BLASIUS. Nun wohl, und ich will Eremit werden. Ich hab eine schöne buschichte Höhle ausgespührt, da will ich mich mit meinem noch übrigen Gefühl hinein verschliessen, und das Leben von neuem anfangen, das wir auf den Alpen verlassen haben. Himmel und Erde sind mir Freunde worden diese Nacht, und die ganze Natur.

LOUISE. Hi! Hi! Lassen Sie uns spielen, und thun Sie was Sie wollen.

[97] BLASIUS. Was ist denn das Lermen, Trommeln und Gelauf? Die Sinnen vergehn mir ja.

L. KATHRIN. Sie kommen aus dem Krieg, Mylord!

LOUISE. Die armen Leute! was werden sie so müde vom Schiessen seyn!

Fünfte Scene.

Berkley. Capitain (hinkend). Vorige.

BERKLEY. Lach Junge! lach! ha! ha! das war heiß, das war brav!

CAPITAIN. Der Teufel soll mich holen, eh ich noch einmal zu Lande fechte. Zu Wasser, Vater! bey allen Elementen, wer schwimmen kann, schwimme, und bleib vom Lande weg. Nehm mir doch einer die Kugel aus der Wade! Der Donner erschlag den Landkrieg! Nehm mir doch einer die Kugel aus der Wade, das Ding zieht verflucht, hab mich stark verblutet und kann kaum mehr stehen.

BERKLEY. Ist das der Werth Lermens zu machen? Wo ist mein Kind? meine Jenny?

[98] LA FEU. Aber wie kommen der Mylord zu einer Kugel in der Wade? Sind Sie denn gelaufen etwa? –

KAPITAIN. Schert euch zum Teufel mit eurer Frage, Herr Naseweis! –

LADY KATHRIN. Nicht so streng, Neffe! kommen Sie Mylord! wir wollen unsre Sachen in Ordnung bringen.

LA FEU. Ja liebe Lady! *(ab, und Blasius und Louise.)*

KAPITAIN. Gut daß sie abziehen. O Neptunus dein Seehund! Sie schossen teuflisch auf unsern Flügel, Vater! Wild muß einen Bund mit dem Satan haben. Die verdammte Gegenwart, Festigkeit und Starrheit im Menschen – die dumme Kugel! Vater! geht mit auf mein Schiff, wir wollen für die Colonien capern. Der verdammte Wild!

BERKLEY. Ich kann Dir sagen, Harry! ich hab Ehrfurcht für Wild kriegt und noch mehr Haß für Bushy.

[99] Sechste Scene.

Caroline. Vorige.

BERKLEY. Siehst Du Miß, da sind wir.

KAPITAIN. Trag auf! mich hungert!

CAROLINE. Mein Vater! mein Vater!

BERKLEY. Sieg!

KAPITAIN. Wollt aber lieber geschlagen seyn. Bushy hat die meiste Ehre davon. Der that Teufels-Dinge mit seinen Freiwilligen. Daß dich der Donner mit der Kugel! Ich kann mich heute nicht mit ihm schießen.

CAROLINE. Armer Bruder, eine Wunde! und Bushy hat sich so brav gehalten?

KAPITAIN. Ach halts Maul! meine Reputation ist hin, ich möcht vergehen in Wuth.

CAROLINE. Ist denn Wild davon kommen?

KAPITAIN. Was gehts Dich an? Ja!

BERKLEY. Kümmre Dich nicht, Harry! Du bist brav. O Miß! nimm mein altes Haupt an Deine Brust. O wie herrlich hier zu liegen! Es war mir so närrisch in dem Feuer heut. – O meine Kinder! ich kann die Freude nicht mehr ertragen, ich fühle daß ich am Ende meiner Laufbahn bin.

[100] Siebente Scene.

Mohr. Vorige.

MOHR. *(zu des Kapitains Füßen.)* O Lord! Lord! lieber Lord! Du blutst!

KAPITAIN. Faß Herz, Junge! und hohl mir die Kugel aus der Wade. *(siehts genau an.)* Es ist neben ein gegangen! Bey Gott, Berkley! Eine Ehrenwunde! Küß Deinen Sohn! he meine Schwester!

BERKLEY. Gottlob, das hat mich nicht wenig geplagt. *(küßt ihn.)*

MOHR. O weh! was ein Loch!

KAPITAIN. Narr! pack an! – he! das wust ich doch Vater, daß ich feste stund.

BERKLEY. Laß doch den Feldscheer kommen!

KAPITAIN. Nein! Ich will keine Wunde haben.

Achte Scene.

Wild. Vorige.

WILD. Miß! liebe Miß! – He, schon da Mylords! Verdräng das Gefühl, Wild! – Guten [101] Tag! So komm ich dann um Dich abzuholen, Kapitain! Meine Wunde ist tief, und wenn ich nicht ersticken will, muß ich Rache haben.

CAROLINE. Karl! Du Karl!

WILD. Still Miß! und habe Mitleid mit mir. Rache für Bushy, Kapitain!

KAPITAIN. Ich hab eine Kugel hier, und mag jetzt nicht.

WILD. Setz Dich zu Pferd! He Feiger! wenn Du mich auf Deinem Schiff hättest, nicht wahr? Ich zerreiß Dich wie ein wildes Thier, wenn Du nicht zur Stunde kommst.

BERKLEY. He Bushy! lerm nicht. Wir sind da.

WILD. Gut, Mylord!

KAPITAIN. Laßt mir ein Pferd satteln. Diese Kugel soll stecken hier, und Du sollst mir nicht lange posaunen.

WILD. Herrlich! Miß! Lebe wohl Miß! – O Jenny! lebe wohl!

CAROLINE. Du gehst – gehst so – Karl! ich verlaß Dich nicht!

WILD. Liebe! schone! ach schone. *(beyde ab.)*

BERKLEY. Hm! bin ich wieder so verworren! so schwach! – He! Harry! Du sollst Dich nicht [102] mit ihm schießen. Was? mit dem Sohn eines Feindes? ha! und warum? weil Du Deinen Vater gerochen hast? Geschworen seys bey dem Schatten meiner lieben Lady! Du sollst nicht! Hat sein Vater mich um alles gebracht, um Ruhe und Glück! Ich will meine ausgeweinte Augen eher ausreißen, ich! Du sollst nicht! ha! komm nur!

KAPITAIN. Helft mir von der Kugel, und ich helf ihm vom Leben! *(ab.)*

Neunte Scene.

Garten.
Wild. Caroline.

WILD. O Miß! Miß! dieser Tag war gut. Der half meinem Herzen in etwas heraus, aber so wie ich hieher komm, und so wie ich hier steh vor Dir in diesen Gefühlen – Jenny! warum mußt ich zurückkehren? Warum verschont bleiben? und sah so viele um mich hinsinken. Ich muß Rache haben, Miß! von Deinem Bruder! fühle Grimm hier, fühle Liebe hier – fühlst Du Jenny, siehst Du? ich steh so an dem Abgrund des menschlichen Beginnens – am Ende des menschlichen Gefühls, [103] denn es reißt hier, Miß: *(auf die Brust zeigend)* und zerspringt hier! *(auf die Stirne zeigend)* und hier Dein Bild, das ich nicht will, und immer mehr, immer heißer will – Jenny, alle Qual! alle Liebe!

CAROLINE. Ist denn nichts da das rette? Ist denn nichts da das helfe? – Komm hier in meine Arme, lieber Geängsteter! Laß Dir Ruhe geben, Laß Dir Liebe geben! Nur diese Blutgierde, diese Rachgierde nicht! Vergieb meinem Bruder! nein, Du kannst nicht. – – – Karl! so still und todt – – und ich so ganz ohne Rettung unglücklich. – Ich wollte so eben meine letzte Stärke aufbieten. Sie schwindet hin, und ich! – ach ich hatte den, nach dem ich rief und seufzte! – er ward mir gegeben! Karl! und so endets?

WILD. Verbirg deine Thränen! Verbirg dein Leiden! Verbirg mir deine Liebe, Nein, gieb mir Liebe, daß ich bis auf den zerstörenden Augenblick lebe und empfinde. Es hat mich schon so taub und fühllos gemacht, und nur das Theilnehmende deiner liebenden Augen löst die Starrheit auf, und läßt mich in dem erschrecklichen innern Zerreissen etwas fassen, woran ich halten kann. O Jenny! wie kann das [104] dein Bruder seyn! Der Mörder! – O es ist Sünde, es vor deine Ohren zu bringen, ich fühl wie es deine Nerven trift – es will nicht mehr über meine Zunge, es ist mir so tief im Herzen, und spannt meine Brust aus. – He! so sollst du haben, lechze! und lechze! und hast ja all meine Sinnen gefangen. – Miß! Miß! was ist dir dann?

CAROLINE. Laß mirs nur noch dunkler werden vor den Augen, und schwerer hier. Ich geh zu Ende, so gern zu Ende – Du zerstörst so gewaltig.

Zehente Scene.

Mohr. Vorige.

MOHR. Lord! Lord! find ich dich endlich? – Ach! habe dir zu erzählen. Lieber Lord! – schick nur die Miß weg, lieber Lord!

WILD. Laß mich, Junge, jezt!

MOHR. O Lord! Lord! ich wollte dir vom alten Mann reden, der mich liebt, und den ich liebe. Es ist ein grauer Kopf, nicht todt! *(leise.)* glaub mir! bey allen Göttern! ich hätt mich lie[105]ber mit ihm in die See gestürzt – er ist nicht todt!

WILD. Willst du mir vorlügen?

MOHR. Sie leben beyde. Sey nur freundlich, und dann will

ich dirs erzählen. Ach! der Schiffslieutenant, ein guter Mann, nahm sich ihrer an. Ich bettelte so lange zu seinen Füssen, bis er einwilligte. Wir belogen den Kapitain, als wären sie in die Barke gesetzt, und die Barke schwamm doch leer weg. Ha! ha! ha!

WILD. Herrlicher Junge! – Miß!

CAROLINE. Wie, neues Leben! wie, neue Kraft! *(fassen den Jungen an.)*

MOHR. Wir versteckten die Alten in einen kleinen, kleinen Winkel, und ich stahl ihnen Zwiback und Wassers satt. Aber nur verrath dem Kapitain nichts, und du auch nicht, Miß! er würde mich fortjagen, oder todt peitschen.

WILD. Göttlicher Junge! Wo sind sie?

MOHR. Still nur, und verrath mich nicht.

WILD. *(ihn umfassend, aufhebend und starr zum Himmel sehend.)* Mein Vater lebt!

CAROLINE. *(an seinen Hals.)*

MOHR. Jobs! Jobs! Gieb acht Lord!

[106] Eilfte Scene.

Lord Bushy mit langsamen, matten Schritten. Da er seinen Sohn gewahr wird, seine Kraft zusammenfassend, ohne ein Wort zu reden, in Wilds Arme sinkend.

WILD *(erstarrt in Freude.)*

LORD BUSHY. *(nach langer Pause.)* O bin ich da!

WILD. Vater! an deinem Herzen wieder ich!

CAROLINE. Mylord! auch ich!

LORD BUSHY. Bin ich da! Halte mich, Karl! So wenig Othem, so wenig Kraft für die Freude!

WILD. Hab ich das wieder funden! *(Jenny und seinen Vater umarmend.)* Herz! Herz! wie wohl kann dir werden! Diese Silberlocken! Dieser Anblick! Hab ich das all wieder!

LORD BUSHY. All wieder! ganz wieder, deinen Freund und Vater! Laß mich nur ein wenig zu Athem kommen!

MOHR. *(den Alten umhalsend.)* Bist du mir gut, Vater?

LORD BUSHY. Komm doch, Lieber, leg dich zu mir!

[107] MOHR. Der Kapitain.

LORD BUSHY. Laß ihn kommen. Hab Waffen hier. *(auf Herz zeigend.)*

CAROLINE. Mylord! ach Mylord! hassen Sie mich nicht! – wenn Sie mich kennen –

LORD BUSHY. Ich hasse nichts, meine Liebe. Meine Augen sind trübe geworden, wer sind Sie, Miß?

WILD. Sie haben mir erlaubt, mein Vater, die in allen Winkeln der Erde aufzusuchen, die meine Seele hatte. Ich hab sie gefunden – Jenny! meine Jenny! Habe sie gefunden, und jezt erst fühl ich wieder, was ich gefunden habe.

LORD BUSHY. Berkleys Jenny! o die ich Tochter nannte, eh noch Haß uns schied, und immer liebte, komm in meine Arme! Wohl mir, Dank dir für alle Stunden, die du mir sonsten mit deiner Liebe versüßtest, und Dank dir für diese Liebe, Miß! Und Dank dir schwarzer, guter Junge, daß du mich dieser Stunde aufbehalten hast! Weißt du Karl, was du dem Knaben schuldig bist! Er beschrieb dich mir in deinem Leiden, deine Angst, ach! wie leicht erkannt ich dich! – hat er dir erzählt?

[108] WILD. Alles, mein Vater! alles!

LORD BUSHY. Nun Miß, und immer meine Tochter! die Liebe hat meinen Sohn gut geführt. Wo ist Berkley? bist du ausgesöhnt, Karl? führt mich doch zu ihm!

CAROLINE. Mylord! nein!

LORD BUSHY. Haßt er mich immer noch?

WILD. O mein Vater! so eben war ich im Begriff – Lassen Sie uns fliehen und nicht weiter reden. Ich vergebs dem Alten, und dem Kapitain, da Sie da sind. Jenny! wirst du uns verlassen?

LORD BUSHY. Seyd Ihr ruhig. Ich will mich Berkley darstellen, was kann ihm mein Anblick Zorn einjagen, er muß ihn versöhnen. Hab ich ihn doch gesucht, und da ich ihn finde – ich bin da, bleibe da, Karl!

WILD. Ich kann nicht da seyn und ihm vergeben. –

LORD BUSHY. Warum nicht? Friede und Ruhe ist in meine Seele gekehrt, sie wird auch zu Berkley einkehren. Ich hab nichts gefunden in all meinen Verirrungen, als dies, und habe alles gefunden.

[109] Zwölfte Scene.

Kapitain, Berkley. (hastig nach.)

BERKLEY. Harry! Harry! He Harry! du sollst nicht!

KAPITAIN, *(zu Wild.)* Wo bleibst du denn, he? – Was hier, Miß? – *(indem er Lord Bushy gewahr wird.)* Ist das Traum? he, Mylord Bushy, bist du Fleisch und Bein?

BERKLEY. *(fährt zusammen.)*

LORD BUSHY. Ich bins, Kapitain.

KAPITAIN. Teufel und Hölle! Hat dich die See so lieb? Vater, es ist Bushy, der alte Bushy!

BERKLEY. Ich seh es ja, ich fühl es ja. Komm doch fort mit mir, Harry! Es geht mir so warm ums Herz –

LORD BUSHY. Lord Berkley!

BERKLEY. Nur deine Stimme nicht! ich fürchte deine Stimme! Was für Anschläge wider mich führen dich hierher?

L. BUSHY. Anschläge des Friedens und der Liebe. *(will seine Hand fassen, er hält sie zurück)* Reue meines vergangenen Lebens: Vergessen der wilden Lei[110]denschaften! Mylord! ich hab alle Sünden auf mich genommen, hab eine Pilgrimschaft vollendet hier, voll Kummer und Leiden, laß mich hier die Fahne der Ruhe aufstecken!

BERKLEY. Geh doch nun weg hier! – Komm fort, Miß! daß ich nicht in Versuchung komme, zu diesem oder jenen.

LORD BUSHY. Berkley! bist Du noch nicht da wo man Ruhe gern fühlt?

KAPITAIN. Nu Sir! meine Pistolen und Pferd ist bereit, meine Wunde vergessen.

WILD. Ich hab Dir vergeben, Kapitain, da ich ihn wieder fand.

KAPITAIN. Und ich Dir nicht, Sir!

BERKLEY. Kömmst Du bald zu mir, Miß! was stehst Du da unter Bushys?

CAROLINE. O mein Vater!

WILD. *(sie umfaßend.)* Sie ist mein, Mylord! Du gabst mir sie als ich Knabe war, sie ist mein!

BERKLEY. Soll ich Dir fluchen, Miß! komm Kind!

CAROLINE. Mein Vater!

KAPITAIN. Berkley! ich werde toll hier!

[111] WILD. *(die Miß umfaßend)* Wir wollen weg hier, Grausame! Aber die Miß geht mit. Hier ist Pistole, und hier ist Tod! Nehmt sie!

KAPITAIN. Laß mich ihn doch niederschießen, Mylord!

BERKLEY. Hund Du toller! *(Wild hält Miß so fest in seinen Armen.)* Da knall sie mit nieder, und alle Welt Anmuth liegt begraben für mich. Sieh das Mädchen an so schön und gut, und so häßlich in Bushys Armen. Liebe Miß! will Dich locken! mit Liebe locken! willst du nicht bald kommen, schöne Miß! willst Du wohl! Komm doch, liebes, sittsames Kind zu deinem alten Vater! Du nur allein kannst seine Nerven sanft und mild stimmen, das fühl ich so eben. Komm doch nur, ich will die Bushys ruhig ziehen laßen.

WILD. Soll ich hier mein Leben enden, Miß?

CAROLINE. Vergebet! mein Vater vergeßt! *(nach Berkley immer reichend, von Wild wieder zurückgehalten.)*

BERKLEY. Pfuy Miß! schäme dich! Ich bitt dich, Mädchen, bring mich nicht auf. Miß! ich bitt, ich flehe dich, und meine graue Haare, mein alter Kopf, halts nicht mit meinen Feinden, und komm geschwinde zu mir! Komm doch, Kind! Du [112] pflegtest und wartetest mich, ich will jetzt Dich pflegen und warten. He Miß! soll ich wahnsinnig werden, Miß? Soll ich Ekel und Haß für mein Kind kriegen? Dich verfluchen und die Welt? es wird mir toll ums Herz, Miß!

CAROLINE. Ich bin Dein Kind, Lord! Dein gutes, treues Kind!

CAPITAIN. Sie spielen mit uns, Vater!

BERKLEY. Nur diese Gnade, lieber Himmel! daß ich dieses Kind vergesse! aus diesem verworrnen Drang komme!

L. BUSHY. Berkley, wir nannten uns einstens Bruder. Lebten in Freundschaft und Liebe. Ein böser Geist trennte uns. Mir ist die vorige Empfindung längst zurückgekehrt, sollte es bey dir nicht geschehen können? Bruder!

BERKLEY. Rede nicht! Bushy rede nicht! ich haß und hasse, lieb und liebe!

L. BUSHY. Dein Haß ist mir schwer gefallen, jetzt verdien ich ihn nicht mehr. Sieh ich stehe am Rande des Grabes. Gedanken der ewigen Ruhe haben längst meine Seele gefüllt, und geben mir Stärke, jemehr mein schwacher Körper zusammen sinkt. Berkley, da lügt man nicht, [113] und ich thats nie. Hier, wo Wahres vom Falschen getrennt wird, sag ich Dir, daß ich unschuldig bin am Verheeren Deines Hauses, an Deiner Verbannung. Der es that, liegt längst im Thale des Todes verschlossen. Ruhe seiner Asche! sein Name und seine Triebfedern sollen nicht über dieses Herz kommen.

BERKLEY. Du hättest das nicht gethan? – alter Heuchler!

L. BUSHY. Es ist hart, Berkley! mein Angesicht spricht für mich, und meine Offenheit, die mich viel gekostet hat. Unser Unglück war Mißverständniß, daß wir nach einem Ziel trieben, unsere Interessen sich an einander stiessen, meine zu hastigen Leidenschaften, und Deine noch feurigere. O Mylord! was erhielten wir! was wurden wir Beyde? Laß uns alles gut machen, laß uns in Liebe leben!

CAROLINE. O mein Vater! es ist alles so wahr was Mylord sagt – *(an seinen Hals)* Deine Jenny! Du bist erweicht!

WILD. Edler Berkley!

KAPITAIN. Es ist schändlich, sich vertragen wie Weibsleute am Ende.

[114] CAROLINE. Harry! lüge Dir keine Empfindung an! Ich seh Dir an, daß Du gerne wünschtest –

KAPITAIN. Geh doch! – ich will auf mein Schiff.

L. BUSHY. Bruder Berkley, ich will mich rechtfertigen vor Dir, nur erkenne jetzt mein Herz rein!

BERKLEY. Ich kann Dich nicht lieb haben – bleibe hier!

L. BUSHY. *(ihn umarmend.)* Ich erkenne Dich.

BERKLEY. Laß mich nur! es ist mir so wirr noch, bleibt nur hier beysammen!

WILD. Brav Mylord! und Du Capitain?

KAPITAIN. Ich weiß das noch all nicht. Komm Knabe!

BERKLEY. Bleib Harry!

KAPITAIN. Es mißfällt mir ja. Ich muß erst einig mit mir werden, eh' ichs mit andern werden kann. Mohr! Mohr!

MOHR. Hier lieber Lord!

KAPITAIN. Komm mit, und mach mir Spaß! *(ab.)*

[115] MOHR. Ja weinen für Freude, wenn Dir das Spaß macht. *(ab.)*

BERKLEY. Komm, Bushy, die Allee hinab, ich will versuchen, ob ich mich mit Dir vertragen kann. Ich kann Dir noch über keine meiner Empfindungen Wort geben, haß Dich noch, und – es fällt mir so vieles ein – Komm nur! *(ab.)*

WILD und CAROLINE *(in allem Gefühl der Liebe sich umarmend.)*

Der Vorhang fällt zu.

Zu dieser Ausgabe

Der Neudruck folgt der Erstausgabe, für die das Exemplar der Universitätsbibliothek Erlangen (Signatur: Sch. L. 2316) zugrunde gelegt wurde:

> Sturm und Drang. Ein Schauspiel von Klinger. 1776. [Berlin: George Jacob Decker.] 115 S.

Das Drama erschien 1777, wurde jedoch zurückdatiert auf 1776, weil Klinger es im September dieses Jahres abgeschlossen hatte.

In der folgenden Liste sind die wichtigsten Varianten der unter Klingers Mitwirkung besorgten *Theater*-Ausgabe von 1786 (Exemplar des Britischen Museums London, vgl. S. 161 zu B) mitgeteilt. Für die zeitgenössischen Rezensionen und Dokumente (S. 99 ff.) ist der Fundort von Fall zu Fall angegeben. Herzlichen Dank spreche ich den Bibliotheken in Cambridge, Darmstadt, Erlangen, Frankfurt am Main, Gotha, London, Lübeck, Stralsund, Straßburg und Wien, ferner dem Institut für Deutsche Presseforschung bei der Staatsbibliothek Bremen aus und besonders Herrn Kurt Hans Staub in Darmstadt für die Beschaffung und Herstellung von Filmen und Kopien seltener Materialien.

Die in der Bibliographie aufgeführten Neudrucke wurden, soweit zugänglich, mit der Erstausgabe verglichen. Dabei konnten mancherlei Abweichungen und falsche Lesungen rückgängig gemacht werden. Für die Überprüfung und Deutung des Sprachstandes der Erstausgabe war der Vergleich mit dem Adelung'schen Wörterbuch (2. Aufl. 1793 ff.) sehr nützlich, dessen Formulierungen in den Textanmerkungen möglichst beibehalten wurden.

Der Neudruck ist wort-, laut- und zeichengetreu, allein aͤ, oͤ, uͤ werden als ä, ö, ü wiedergegeben und das in Fraktur einheitliche J beim Antiquasatz in I und J differenziert. Da ein Manuskript des Stücks nicht bekannt ist, wurde auf eine Vereinheitlichung des Textes verzichtet. Über Klingers Beteiligung an der Drucklegung berichtet das Nachwort.

Die Seitenangaben in eckigen Klammern verweisen jeweils auf die originale Paginierung der Druckvorlage.

Abweichungen von der Druckvorlage (Erstdruck 1776 bzw. 1777)

6,6 Jenny Caroline] Jenny, Caroline *(vgl. dazu 31,5)* 7,26 Mistlachen] Mistlacken *(vgl. Anm. zur Stelle)* 18,16 Berkley] Bushy 28,10 ennuire] erinnere 55,28 (Wollen] Wollen 58,16 Dritte] Zweyte 60,17 Vierte] Dritte 63,1 Fünfte] Vierte 65,4 Weißen] Waisen 65,4 grause] prause 66,17 Sechste] Fünfte 77,18 Berkley] Kapitain 85,5 Wild] und 85,22 wartetest] wartest

An Druckfehlern und im Druck verkehrten Buchstaben, die die Erstausgabe kennzeichnen, wurden berichtigt:

9,23 *In* 15,13 *um* 33,10 seiner 33,19 nicht 35,27f. Campagne 61,28 denn 71,24 meine 73,23 wenn 79,18f. Geängsteter] Grängsteter 84,19 Pistolen 84,28 war] wur

Abweichungen der *Theater*-Ausgabe (1786) von der Erstausgabe

5,1f. Schauspiel / in fünf Aufzügen. / Von 1775. 6,6 Jenny Caroline, seine Tochter 6,9 Boyer. 6,14 Die Scene ist Amerika. 7,1 Erster Aufzug. *(In der Folge immer »Aufzug« statt »Akt«.)* 7,2 Erster Auftritt. *(In der Folge immer »Auftritt« statt »Scene«.)* 7,4 Reisekleidern.) (hernach) der Wirth 7,6 Dachfahnen 7,8f. würklich anfängt ein wenig besser zu werden. 7,9f. hundert Meilen gereiset, um 7,14 Narr! es sollt 7,17 Phantasie, ich wandle 7,19 Apoll, närrischer 7,21 mit samt 7,22 verwandlen. 7,26 Mistlaken 8,14f. nicht, daß wir uns einschifften? 8,17f. ihm, wild 8,23 Feenschloß, La Feu! 8,25 Zwergchen? 8,28 bissiger 8,31f. so wißt, 9,6 Amerikanischem 9,17 mir's 9,24 Passion 9,26 nichts, Blasius. 9,27 Nein, ich lieb' nichts. Ich hab's 10,16 gescheid, Freund! 10,17 lieb' euch, 10,18 Unglücksvögel 10,27 Glückseligkeit, die 10,29 für'n 11,7 soll's 11,12 interessirten, 11,14 lieber, nicht 11,24 mitmachen 11,28 Hol 11,30 könnten's

11,31 sie's 12,2 Schiffskapitain 12,12 bereit. Sonst 12,22 mag's 13,12f. an diesem Kartenschloß. 13,17–19 hinein verschließen, und nichts anders fühlen und denken, als 13,23 zurückdenk. 14,2 nicht, wie 14,5 Recht wohl, Mylord! 14,8f. Bushy, es 14,16 Bushys Magd, Miß! 14,21f. Lebe unsre Lordschaft! 15,3 curios ist's, Kind, 15,4f. aus meinem widrigen Leben 15,18 nasse 15,21 freylich war's 16,16f. Was kann ich dafür, daß mir's 16,17f. Ich fühl's 16,20 vorposaunen, wie 16,29 sagen, einen 17,9 Leben, wo 17,12 bis 17,29 Morgens 18,1 herb zum 18,4 an meinem Hals 18,9 Augenblick, Miß! 18,14 bey Gott, nein! 18,15f. Lord Berkley, geh jetzt nicht weg! Hier wird's so eng, 18,18 Nein! nein! 18,19 hat, so ist's ihm 18,22 Ausbrüche, die 18,25 so viel, und *vor* 19,2 Caroline. Louise. 19,2f. Morgen, Miß! ja sich nur, 19,10f. dir, Kind? 19,12 Nichts, nichts 19,15 Nach Londen, Bäschen! 19,20 das, meyn ich, 20,6 Letzthin 20,9 er's 20,14 Finger. allenfalls 20,19 verbannt, Miß! 20,20 nicht, was 20,29 verstund's 20,31 neidisch, Base, 21,2 Und dann 21,3f. besuche, die 21,5 alle, spiel 21,6 Kräusel, und ihnen 21,8f. Ursachen. Auch weiß ich nicht, was 21,10 glücklich, Base, 21,13 ausführen, so ist's 21,14 weißt 21,18 Lady Kathrin. Vorige. 22,8 doch, Louischen, 22,9 sind's. 22,18 sittsam, Miß! 23,4f. Hier meine Herren, belieben Sie zu warten, die Ladys werden 23,8f. Damenzimmer. 23,24 ist's. 24,14 mach's 24,18 ließest. 24,19 mir's 24,28 nein, ich 25,1f. hat, ewige 25,5 Hoffnung 25,6 süßer 25,8 dem, der *vor* 25,10 Lady. Kathrin. Louise. Vorige. 25,10 Lady Kathrin und Louise (treten 25,11 beiden 25,21 Vormund, Mylady! 25,22 Miß, ich 25,25 Ha! Ha! Herr Blasius 25,27 Also Sir Blasius, 26,1f. Freylich (eine spöttische Verbeugung) 26,3ff. Instrument. Ha. Ha! o das ist zum Sterben! Warum so ernsthaft? 26,7f. geht Ihr Freund weg? 26,8f. sagen, Mylady – Blasius, du weißt's ja. 26,10f. wenn's tritt's 26,16 Sie, er 26,20 verdrießlich 26,24 Mylady mag 26,27 durch's 26,28 Sie, Mylord? 26,30 verdrießlich 26,30 Mylady, Sie 27,1 (eben so) Nichts 27,2 Und Sie, Mylord? 27,3f. seliges Schicksal, das 27,7f. Mückenaugen, um alle Ihre 27,15 Ja, Mylady, 27,23 Allerdings, Sir! 27,24 doch, Nichtchen! 27,26 Ja, reizende 27,27 Sie träumen 27,30 schön, Miß! 28,6 Lieben? Was 28,7f. Liebt Sir Wild 28,8 mag's 28,10 ich hab Langeweile zum Sterben. 28,13f. Wollen Sie den Thee im Garten 28,16 Wie's 28,20f. Nun, Mylord? 28,22

Ja, wie 28,22f. Ja, meine Göttin! ich 28,28 Und, Mylady! 28,31 deucht, wir 29,1 das, sympathisiren? 29,2f. nicht, Mylady, 29,4 sind, Mylord! *vor* 29,17 Wild. Caroline. 30,8 Darf 30,16 ja Sir, aus 30,18 schlägt's 30,19 find' 30,20 fassend. Engel, 30,25 reiste 30,29 Ja leiden! 30,30 Mylady's Name? 31,1 war's 3,11 Glückliche, der 31,16f. Carl Bushy, und verlaßt mich? 31,19 umfassend.) 31,20 Glücklich 31,24f. bin's, der, dein 32,1f. Fliehen? 32,27 geboten denn 32,29 Unbehagliche, 33,1 ja Jenny, du 33,6 Augenblick, Carl! 33,10 mir, bey diesem 33,16f. dreyzehn funfzehn 33,22 bist's 33,28 ist's ist's 34,3 Hm! morgen 34,5 ließest's 34,26 interessiren. 34,27 Sir, Sir, 35,1 O mein Vater, er leidet so viel. 35,7 sage, Sir 35,8 hatt' 35,10f. und sehen Sie, Sir, wenn ich ihn ertapp, 35,17 Und so müssen 35,22 Wenn Sie 36,2 O Sir! auf 36,3 als im Canonenfeuer. 36,29 Tausend Dank, Sir! 36,29f. He, Bushy! 37,19f. gekannt, die 37,23 mir, wie 37,27 gut! Das ist gut! 38,3 Sir, die Freude wäre zu groß, einen 38,5 muß! ich 38,9 (Wild will abgehen.) 38,10 noch! Aber 38,11 gebracht? Wenn 38,17 Glauben Sie, daß ich's 38,19 Warum nicht, Mylord? 38,24 Heuchler, Sir? 39,2 Stoff 39,4 Behüte, Sir! 39,9 Ja, Sir, leben Sie wohl. 40,4 Zimmer des ersten Auftritts des ersten Aufzugs. 40,23f. Glaubst du wol, daß 41,3 selig 41,8 mit ihrem eiskalten Wasser begossen, 41,12f. ging durch Zauberörter, 41,15 Fliege, die 41,16 los zu werden, 41,30f. London (bitter) 42,16 Gute Nacht, Donna *vor* 42,24 Wild. Vorige. 42,24 ist's 43,4 dir's, mir ist's 43,9 Vorige. Der Mohr. 43,10 Sie, Sir? 43,11 Nichts, als 43,12 Ekstase.) 43,18 schon, guter Kapitain. 43,21 harter Kapitain! 43,24 wilder Kapitain! 44,2 O Kapitain! mir 44,3f. Guter Kapitän! Tygerthier! toller Kapitain! 44,10 gesehen, die 44,12 Ja Kapitain. 44,21 Jetzt wollen wir's 44,22 fürcht't 45,14 (packt *vor* 46,17 Wild. Vorige. 46,24 doch, daß 47,2 von weitem 47,13 wüthet. 47,16f. Dich seh, meine Nerven zucken, 47,20 mir's 47,21 Spaßes 47,23 nicht an einem Ort 47,25 Weißt 47,29f. holen, wenn Du Dich todtschießen lässest. 48,9 Geschenk, wenn 48,15f. der Erste unter den Männern! 48,20 von neuem 49,17 (verdrießlich) 49,25 auch, daß 49,29 wär's 50,1 ging 50,4f. wäre, der *vor* 50,8 La Feu. Louise. Kathrin. 50,8 nicht, meine 50,15 dir, meine 51,12 morgen, 51,16 (verdrießlich.) Nein Mylord! 51,19 ich's 51,24 er's 51,31 Ja, ja, Bushy, 52,1 wir's *vor* 53,4 Caroline, Wild. 53,5 Laßt's 53,15 Ich will 54,1 Du hast 54,23 herauf. Vorige. 55,7 jetzt! 55,12 waren's, 55,15 mich's 55,16 Neuigkeit – 55,24 sich, Mylord, 55,28 wollen an ihm vorbey gehen. (Gehn *(ohne die Angabe: Louise)* 56,3 Nacht. Berkley's *vor* 56,4 Berkley. Bedienter. 56,10f. wenn's der Schiffskapitain ist, der's 56,11 (Bedienter *vor* 56,13 Kapitain. Berkley. 56,22 Wie's 57,2 Ich muß Sie küssen, 57,6 Wen 57,9f. hast du sein – Harry! 57,14 bist's 57,23 bist's. 57,28 ich, ha! ha! 58,17 Caroline. Mohr. Vorige. 58,25 kann's 58,26 hervorbringen, so freut's 59,2 wieder, alter 59,10 dein, Lady! 59,25 segnete. 59,25f. Sahst du herab, wie 59,27 Sieh jetzt herab! – Daß 59,29 sie! 60,8 todt, mein 60,23 ist's? 60,24 He Sir! 61,4f. Er ist todt, mein Feind! 61,6 hin? Caroline. 61,11 pfiff 61,12 mir's 61,28 Thut's das, Mylord, 62,1 Schottländer, was 62,16 Laßt's 63,5 Wilds, Carl Bushy, den 63,14 mein, Alter! 63,18f. (Caroline umarmet Berkley.) 63,25 denn, Harry! 64,3f. rechtschaffnen 64,5 rechtschaffnen 64,8 nicht, Kapitain. 64,9 Satan, ich 64,11 war's! 64,29 Teufeln, ich 65,4 Weißen ist's. meine grausen Haare 65,5 mir's 65,5 ist's 65,10 seinem 65,13 holdselige! 65,16f. danke dir, Knabe! 65,24 Gut war's, 65,26f. unbewaffnet 65,29f. bey Bushy! 66,10 Komm, mein Sohn! 67,1 öffnest, 67,2 schützest 67,5 daseyn daseyn 67,12 Liebe Unglückliche, alle 67,14 ich hatte sie nie. 67,27f. Gute Nacht, Bruder! Gute Nacht, Bruder 68,2 Degen.) Vorige. 68,21 worin 69,5 ist's 69,7 Nein, liebe Miß! 69,24 ob's noch 69,28 begreif's 69,28 her? Ich war 70,5f. und den Wild machte. – 70,7f. und jetzt ist vielleicht seine Stärke zerbrochen, sein Herz erkaltet. – Karl! *vor* 70,10 Mohr. Vorige. 70,23 wo sind wir denn? 70,24 Weißt 70,25 bös 71,1 ich's 71,8 mir's 71,19 Beide 72,4 Blasius. Ewiger 72,9f. fortkommen 72,12 trat's 72,21 mir's 72,25 solch eine Maske 72,26 bey den süßen Gedanken. 73,6 unserm 73,18 spricht, quält 73,21 ja 74,5 Wahrlich, 74,12f. ich bin heute wieder herabgespannt, nicht, 75,9 Kapitain. 75,12 Kapitain. 75,17f. ich hab mich 75,19 Ist das dir werth Lermen zu machen? 75,25 Kommen Sie, 75,27 Ja, liebe 76,1 Neptunus, 76,9 kriegt, 76,12 Siehst Du, Miß? da 76,16 Ich wollt aber 76,25 geht's 77,13 Gott Lob! das 77,16 das wußt ich doch, Vater, 77,22 da, 78,14 wohl, 78,20 du sollst dich 78,22 du deinen 78,22 sey's 79,9 deinem 79,10 fühlst du Jenny, siehst du? 79,12f. Gefühls, es reißt hier, Miß! 79,14 dein 79,17 da, das 79,17f. da, das 79,19 Laß dir Ruhe geben, laß dir 79,21 du 79,25f. endet's? 79,27f.

Verbirg mir deine Liebe! 80,3 im 80,12 mir's 81,3 Füßen, 81,10 Zwieback *vor* 81,19 Lord Bushy. Vorige. 82,3 wieder gefunden! 82,12 Ich hab Waffen hier. (aufs 82,21 jetzt 82,26 Dank dir, 82,28f. Weißt du, Karl, 83,2 Nun, Miß, 83,3 Führt 83,8 vergeb's 83,11f. darstellen. Kann ihm mein Anblick Zorn einjagen? er 83,15 daseyn 83,21 nach.) Vorige. 83,27 bin's, 84,16 jenem 84,17 da, wo 84,21 dir 84,23 dir 84,24 du du 84,27 umfassend 84,28 sie, als 85,1 umfassend 85,5 Hund, du Miß fest 85,6 aller Welt 85,7 an, so schön 85,9 ich will dich locken! 85,11 Kind, zu 85,16 Vater, vergeßt! 85,20 halt's 85,22 wartetest 85,26 um's Herz, 85,27 dein Kind, Lord! dein 86,5 Bushy, rede nicht! 86,10 je mehr 86,22f. unser Interesse sich an einander stieß, 86,25 beyde? 87,1 dir 87,2 dir an, daß du 87,5 dir, 87,6 dich 87,7 dich 87,10 du 87,11 Komm, 87,12 Bleib, Harry! 87,15 Hier, 87,17 dir 87,20 dir 87,22 dich 87,26 *(Die Szenenbemerkung des Schlusses fehlt.)*

Anmerkungen

7,17f. *Phillis:* Typenname der herkömmlichen Schäferdichtung. Vgl. 73,9f.

7,23 *Symphonien:* »im weitesten Verstande, zusammen klingende Töne, besonders in der höheren Schreibart« (Adelung Bd. IV, Sp. 510).

7,26 *Mistlachen:* »eine Lache, d.i. Pfütze, von zusammengelaufener Mistgauche« (Adelung, Bd. 3, Sp. 231; vgl. ebd. Bd. 2, Sp. 1856, s. v. »Lache«).

7,27 *[jemanden] scheren:* »ihn ohne Noth und Nutzen, gleichsam nur zur Lust plagen und beunruhigen; auch nur in den gemeinen Sprecharten, eigentlich auch, ihn zur Lust gewaltsam hin und her stoßen« (Adelung, Bd. 3, Sp. 1422). Vgl. 36,13; 42,15; 44,29.

8,3 *Dianen:* Diana: die Göttin der Jagd in der antiken Mythologie. Vgl. 72,16.

8,4 *Helena:* Der Name der homerischen Gestalt bietet den stehenden Vergleich für Frauenschönheit.

8,6 *Tour:* Modewort für die sentimentale Reise; nicht bei Adelung verzeichnet.

8,24 *Amors und Amouretten:* Zierfiguren der Rokokokultur.

9,2 *Mogol:* Mogul: indo-islamischer Herrschertitel; hier: Vergleich für Pracht und Reichtum.

9,13 *Isabella:* Nach Hans Behrendt ist der Name möglicherweise aus Ariosts »Orlando furioso« übernommen; vgl. in der Bibliographie unter b) Neudrucke, Nr. 7.

9,21 *Kuppelhunde:* »eine Koppel Hunde, bey den Jägern, zwey vermittelst der Koppel mit einander verbundene Jagd- oder Rüdenhunde« (Adelung, Bd. 2, Sp. 1716, wo das Kompositum allerdings fehlt).

10,2 *Wildfang:* ein Fremder, Ausländer; auch: ein wilder, unbesonnener Mensch (vgl. Adelung Bd. 4, Sp. 1545 f.).

10,3 *Conquette:* (frz.) Eroberung.

11,24 *Kampagne:* (frz.) Feldzug.

11,25 *Volontair:* (frz.) Freiwilliger.

12,3 *Antipathie:* »das widrige Verhältnis zwischen der Empfindung eines Menschen und der Vorstellung von einem gewissen Gegenstande, im Gegensatz der Sympathie; und in weiterer Bedeutung eine jede heftige und gleichsam natürliche Abneigung von etwas« (Adelung Bd. 1, Sp. 393).

12,18 *Punsch:* »ein Getränk, welches aus Branntwein, sauren Säften, Zucker und Wasser bereitet und so wohl kalt als warm getrunken wird [...] Wir haben das Wort von den Engländern bekommen, bey welchen es aber auch nicht einheimisch ist, sondern mit dem Getränke selbst aus Ostindien herstammet. Der Nahme soll von dem Malabarischen Worte Panscha, fünfe, abstammen, weil dieses Getränk aus fünf Ingredienzien bereitet wird« (Adelung, Bd. 3, Sp. 865). – Vgl. aber G. Baist, in: *Zeitschrift für deutsche Wortforschung* 12 (1910) S. 300.

13,6 *Kartenhaus:* Kinderspiel und poetisches Bild der Hinfälligkeit. Häufig verwendet in der Literatur des Sturm und Drang, z. B. bei Gotter, Goethe und Schiller; nicht bei Adelung verzeichnet.

14,19 *Miß:* Gegenbegriff zur sentimentalen ›Tochter‹-Wortgebärde. Vgl. die dramaturgisch ähnliche Verwendung von ›Mamsell‹ in Heinrich Leopold Wagners *Kindermörderin* (1776) am Ende des 2. Akts (*Die Kindermörderin. Ein Trauerspiel*, hrsg. von Jörg-Ulrich Fechner, Stuttgart 1969 [u. ö.], S. 30 f.).

16,7 *Complot:* (frz.) Verschwörung; »eine geheime Verbindung zu Begehung eines Verbrechens, und diejenigen Personen, welche sich auf solche Art verbinden« (Adelung, Bd. 1, Sp. 1345).

19,4 *Vapeurs:* (frz.) Misslaunen; nicht bei Adelung verzeichnet.

19,6 *Cour:* (frz.) Hof.

20,7 f. *bohrte ihm .... Esel:* höhnische Gebärde; auch in Wagners *Kindermörderin* (S. 62) verwendeter Ausdruck (vgl. Anm.).

20,24 *Weiblichkeiten:* »1. Die weibliche Natur, das weibliche Geschlecht; ohne Plural. 2. Weibliche Schwachheit, Fehler, mit dem Plural. 3. In vielen Gegenden ist die Weiblichkeit ein anständiger Ausdruck der Geburtstheile des andern Geschlechtes; daher man sich zu hüten hat, daß bey dem Gebrauche der vorigen Bedeutungen keine Zweydeutigkeit mit dieser entstehe« (Adelung, Bd. 4, Sp. 1443).

21,6 *Kräusel:* Kreisel. »Es wird gemeiniglich, aber unrichtig, Kräusel geschrieben und gesprochen, indem es von Kreis und nicht von kraus abstammet« (Adelung, Bd. 2, Sp. 1759).

21,13 *Caprizen:* (frz.) Launen.

22,16 *Conseil:* (frz.) Rat.

23,6 *Iris:* Götterbotin in der griechischen Mythologie.

24,4 *Centauren:* Fabelgeschöpfe der griechischen Mythologie, zur Hälfte Mensch, zur Hälfte Pferd.

25,12 *Venus Uranie:* Göttin der himmlischen Liebe im Gegensatz zur »Venus Pandemos«, der Göttin der sinnlichen Liebe. – Klinger gebraucht im Gefolge seiner Rokoko-Kritik die französische Namensform, die man sich vielleicht auch französisch ausgesprochen vorstellen muss.

25,12f. *Paphos Hayne:* Venustempel im Hain zu Paphos.

26,3 *La Vache sonante:* Anspielung auf die von dem Bronzegießer Myron (um 460 v. Chr.) geschaffene Kuh, die so naturgetreu dargestellt war, dass man glaubte, sie würde im nächsten Augenblick zu brüllen beginnen. – Vgl. auch Anthologia Palatina IX 713 ff.

26,23 *Gottheit:* ältere Form für ›Göttlichkeit‹.

29,1 *sympathisiren:* »Die Neigung zu einem Dinge, besonders so fern sie auf dunkle Begriffe oder uns unbekannte Gründe beruhet, im Gegensatze der Antipathie; in welchem Verstand man auch leblosen Dingen eine Sympathie gegen einander zuschreibt« (Adelung, Bd. 4, Sp. 510).

33,12 *Maschine:* »Ein lebendiges Wesen, welches nur durch mechanische, oder fremde, von außen her empfangene Ursachen wirkt, nicht nach eigenen vernünftigen Einsichten handelt. So nennt man einen Menschen eine Maschine, welcher bloß nach fremdem Antrieb ohne eigene Prüfung, Wahl und Einsicht wirkt und handelt« (Adelung, Bd. 3, Sp. 91).

36,25 *stirre:* vielleicht durch einen Druckfehler entstellte Form des Wortes ›stier‹. Bei Adelung findet sich: »stier, welches so wie stierig, nur in einigen gemeinen Sprecharten der Hoch- und Oberdeutschen für starr üblich ist« (Bd. 4, Sp. 373).

40,25 *Lethe:* in der griechischen Mythologie ein Fluss der Unterwelt, dessen Wasser die Erinnerung der Verstorbenen auslöschte.

42,5 *Equipage:* (frz.) Ausrüstung; Bedienung.

43,25 *Soley:* bisher ungedeutete Namensform.

44,1 *Cadet:* »ein junger von Adel, welcher zu Kriegsdiensten gebildet wird [...] Das Franz. Cadet bedeutet eigentlich einen jüngern Bruder. Wird es von jungen Edelleuten gebraucht, so bezeichnet es solche, welche sich freywillig und ohne Sold unter die Armee begeben, die Kriegskunst zu erlernen« (Adelung, Bd. 1, Sp. 1292).

44,31 *zopf:* Dialektform für ›zupf‹.

45,13 *baksen:* vielleicht durch einen Druckfehler entstellte Form des Wortes ›bakern‹, »welches nur in einigen gemeinen Mundarten üblich ist, wo es so viel als klopfen bedeutet. Daher Baker, eben daselbst, ein Hammer« (Adelung, Bd. 1, Sp. 695).

46,20f. *Kindereyen:* hier mit der ungewöhnlichen Bedeutung von ›Spielsachen‹; sonst »ein kindisches Betragen, kindische Reden« (Adelung Bd. II, Sp. 1576). – Vielleicht als Gegensatz der kindischen Reden zu La Feus Versen aufzufassen.

47,16 *fatales:* fatal: »1. Unglück bringend [...] Noch mehr 2. in der niedrigen Sprechart, zuwider, widerwärtig, am häufigsten von Personen« (Adelung, Bd. 2, Sp. 57).

50,12 *Adon:* Adonis, der Geliebte der Liebesgöttin Aphrodite in der griechischen Mythologie.

55,30 *impertinent:* (frz.) flegelhaft.

56,4 *Bataille:* (frz.) Schlacht.

57,3 *storre:* Rückbildung zu ›störrisch‹?

59,8 *Patsche:* »In der tändelnden und vertraulichen Kindersprache wird die Hand die Patsche [...] genannt« (Adelung, Bd. 3, Sp. 674).

64,13 *Alexander:* der große Herrscher und Feldherr des griechischen Altertums (356–323 v. Chr.).

65,4 *grause:* Klingers Dialektform für ›krause‹. Die Erstausgabe hat den Druckfehler »prause«.

70,17 *Zukai:* bisher ungedeutete Namensform.

71,25 *arcadischen:* arkadisch: nach der Hirten- und Schäferlandschaft Arkadien (Peloponnes) gebildete Bezeichnung für einen natürlichen, freien und ursprünglichen Idealzustand.

73,9 *Damon:* Typenname der herkömmlichen Schäferdichtung.

73,24 *Virtuosität:* (ital./frz.) Kunstfertigkeit.

76,22 *Reputation:* (frz.) guter Ruf; Leumund.

81,19 *Jobs! Jobs!:* sonst unbelegte Formel; etwa: ›Mein Gott!‹

Dokumente zur Entstehungs- und Wirkungsgeschichte

F. M. Klinger in Briefen an Ernst Schleiermacher über sein Drama und briefliche Aufnahmen des Titels in übertragener Bedeutung:

[Weimar den] 4 Sept. [1776]

Ich schreibe eine Comoedie der *Wirrwarr* die bald zu End ist – und wo du einen HE. [= Herrn] Wild, Blasius und La Feu sehr lieb kriegen wirst. Ich hab die tollsten Originalen zusammengetrieben. Und das tiefste tragische Gefühl wechselt immer mit Lachen und Wiehern. Ich bins Willens nach Hamburg zu schiken. [...] Schröder bitt mich sehr um ein neues Trauerspiel und wenn ich also für meinen Wirrwarr 20 K. [= Karolin] ziehen könnte – wär das ja gut.

Weimar 12 Sep. 76.

dann hab ich ein Drama geschrieben das toll ist und dich amüsiren wird, und das noch nicht fertig ist, und womit ich 20 Louisd. [= Louisdor] verdienen will, weil Schröder gern was haben will. Es kommt noch auf einige Scenen an – denn kannst du comisch und tragisch mit einer bittren Sauce zusammen verschlukken.

Dressden [Spätherbst 1776]

Kommende Woche wird hier ein neues Stük von mir aufgeführt *Sturm und Drang.* Es wird einen Schmauß für deinen starren, wilden Sinn geben.

Dresden [Ende 1776]

Vielleicht daß ich dir mit dem Geld an meine Mutter *Sturm und Drang* schik. Das liebste und wunderbarste was aus meinem Herzen geflossen ist.

Dressden [Januar] 77.

Mit Feuer Ströhmen braußt mein Genius in Sturm und Drang.

Leipzig d. 17 Merz 77.

Meine Situation ist drang und Leidensvoll und wars, seitdem ich dich verließ von allen Seiten, an allen Orten.

Leipzig d. 3 April 76 [= 1777].

Ich lebe so hin, bald in Drang und Sturm, bald im gelinden Säußlen, unter Musik, Comoedie und Spiel, Musen und etc. [...] Am Dienstage führten sie hier Sturm und Drang von mir auf, und eröfneten damit die Bühne. Es ist meine Lieblings Arbeit – und da saßen sie nun, konnten nicht fassen und begreifen, und doch schüttelte sie das Ding mächtig zusammen. Von Mannheim aus schik ich dir das Mpt [= Manuskript] nach Göttingen nebst den Zwillingen.

Frankfurth im August 77.

Wenn ich dir mit einem Federstrich die ganze Stimmung meiner Seele hinwerfen könnte, nebst dem argen und guten meines iezigen und vorigen Sommer Situation – so wär mir vielleicht wohl und dir. Doch das ist nun nicht möglich. Und das Labyrinth, wilde und wirre meiner Empfindungen zu detailliren, wär sich in einen Streit der Augenblikke einlassen. Ich leb wie ewig, und ieder von Prometheus wahren Söhnen im innern Krieg der Kräfte und Thätigkeit mit den Grenzen die die Menschen den halb Göttern gelegt haben, und das zu ihrer Behaglichkeit, weil sie sonst ewig ecrasirt würden. Bruder! der Menschen Sache sind zwey: Schaffen und Zerstöhren, und wer keins von beyden zur vollen Befriedigung seines Gefühls (so hoch es gehen mag) treiben kann, der lebt wie ich.

Max Rieger: Klinger in der Sturm- und Drangperiode. Darmstadt: Arnold Bergsträsser, 1880. S. 398 f., 399, 403, 404, 405, 407, 409.

Klinger an Goethe

26. Mai 1814

Wenn ich Ihnen nun einiges über meine Schriften, zur Aufrichtung eines ferneren Denkmals, zu meiner Erinnerung, wie Sie mir freundschaftlich zu sagen belieben, hinzufüge, so geschieht es, soweit es mir gegönnet, um Ihren gütigen Wunsch zu erfüllen. Ich muß aber gleich damit anfangen, Ihnen anzuzeigen, daß ich alle die älteren, *die Zwillinge* von 1774 und *die falschen Spieler* von 1780 ausgenommen, gänzlich verworfen habe, und daß in der Sammlung meiner *Werke* nichts erscheinen wird, als das, was ich im Laufe dieses Schreibens nennen werde. Alles dieses ist von 1781 bis 1805 in Rußland geschrieben worden[1]. [...]

Das Letztemal, da ich Sie sah, war in Weimar, während des ersten Sommers Ihres dortigen Aufenthalts, zu jener Zeit, als ich hoffte durch Vermittlung der unvergeßlichen Herzogin Amalie,

1 Vgl. Max Rieger, *Klinger in der Reife. Briefbuch*, Darmstadt 1896, S. 103, in einem Brief an Nicolovius vom 22. September 1807: »Auf den Titeln setzt man zu *sämmtliche Werke*: geschrieben von 1774 bis zu 1805. – so lange dauerte Teutschland – u ich habe als Teutscher geschrieben, welche unterstrichene Anmerkung aber nicht zu drucken.«

in Amerika, meine militärische Laufbahn anzutreten. Ich schrieb damals im Drange nach Tätigkeit ein neues Schauspiel, dem der von Lavater (er ruhe sanft!) zur Bekehrung abgesandte Gesalbte oder Apostel, mit Gewalt: den Titel: *Sturm und Drang* aufdrang, an dem später mancher Halbkopf sich ergötzte. Indessen versuchte dieser neue Simson, da er weder den Bart mit dem Messer schor, noch Gegornes trank, auch an mir vergeblich sein Apostelamt. Er rächte sich dafür. Hätt' ich mich, bei meiner Abreise, mehr als durch Blicke des Herzens, gegen Sie erklärt, ich wäre Ihnen gewiß werter, als je geworden, aber ich *sollte* es nicht, vermöge dessen was Sie in mir erkannt hatten.

Max Rieger: Klinger in der Reife. Briefbuch. Darmstadt: Arnold Bergsträsser, 1896. S. 161 und 164.

Leipzig,
den 7ten May 1777.

[...] [167] [...] Seyler eröffnete diese Messe[2] seine Bühne mit *Sturm und Drang*, einem Schauspiel von *Klinger*: der Mohrenjunge und der wahnwitzige Lord sind herrliche Karaktere.

Theater-Journal[3] für Deutschland vom Jahre 1777. Gotha: bey Carl Wilhelm Ettinger, [1777]. S. 166 f. [Nach dem Exemplar in der Forschungsbibliothek, ehem. Landesbibliothek Gotha.]

2 1. April 1777 (vgl. Nachwort S. 175).
3 Herausgeber des *Theater-Journals* war Johann Friedrich Reichardt.

(Heinrich Leopold Wagner)

Eilfter Brief

Montags den 2ten Junii 1777

Sturm und Drang.

Wie heißt das Stück? fragte fast jedermann, als es verwichnen Sonnabend angekündigt wurde: *Sturm und Drang!* – [132] Sturm und – –? und *Drang!* mit dem weichen *D* und hinten ein g; ja nicht mit dem harten T oder dem ck! So, so! Sturm und Drang also! – Aber wenn ich bitten darf, was heißt das wol? ich kann mir nichts dabey denken! kommt etwa ein Sturm drinn vor? – das ich nicht wüßte! – oder ist's der Sturm[4] von *Schakespear*? – auch nicht! *Klinger* verehrt diesen großen Dichter viel zu sehr, als daß er sich an ihm so schändlich versündigen sollte. – Je nun, so weis ich mir gar keinen Begriff davon zu machen. – Desto schlimmer für den Verfasser oder für Sie! Denn wenn sie beym Titel nichts fühlen, kann ihnen das Stück selbst unmöglich behagen. Ich finde es sehr lobenswürdig, daß er diese abstrakte, methaphysische – gewiß nicht zu viel anziehende – Ueberschrift gewählt hat; so teuscht er doch wenigstens keine Seele durch leere Erwartungen, wie bey andern vielversprechenden Titelblättern wol zu geschehen pflegt. Wer fühlt oder auch nur ahndet, was Sturm und Drang seyn mag, für den ist er geschrieben; wessen Nerven aber zu abgespannt, zu erschlafft sind, vielleicht von je her keinen rechten Ton gehabt haben; wer die drey Worte anstaunt, als wären sie chinesisch oder [133] malabarisch, der hat hier nichts zu erwarten, mag immerhin ein alltägliches Gericht sich auftischen lassen. –

Daß sein Stück, bey der ersten Vorstellung wenigstens, an keinem Ort – es müßte denn allenfalls in Hamburg seyn – diejenige Wirkung thun würde, die jedes andre mit mehr Spektakel, Sentenzen,

4 Shakespeares Drama *The Tempest.*

Exklamationen und Theaterstreichen angefüllte Marionettenspiel gewiß thun muß, konnte der Verfasser, wenn er das hörende und richtende Publikum nur halb weg kennt, schon zum Voraus an den Fingern abzählen. Wer heißt ihn aber auch den Piquekönig ohne die Harfe vorstellen, und dem Herzmonarchen den Reichsapfel in die linke Hand geben, da er ihn doch seit undenklichen Zeiten, vermöge des hergebrachten Kartenkostums in der rechten Hand trug. Wer gesehen und bewundert werden will, muß hübsch auf ebnem gebahntem Wege gehn, wo ihm recht viele Leute begegnen, verläßt er ihn – eine sich ihm auf der Seite darstellende Felsenhöhe zu erklettern – so wird er diesen ein Sonderling, jenen ein Waghals, allen aber (wenn er dem Gipfel sich nähert) ein Zwerg scheinen. – – Sind denn aber die Figuren dieses Stücks wieder so in ihrer kolossalischen [134] Größe hinkrokirt[5], wie in der *neuen Arria* und dem *Simsone Grisaldo*[6]? Nein! der Verfasser nahm sich mehr Mühe sie zu vollenden, zu runden; bearbeitete sie mit mehr Rücksicht auf Theater und Vorstellung; nahm sich wol in acht, kein ganz überflüssiges Bild seiner Gruppe einzuflechten. Folgende Skizze, die ich Dir Deinem Begehren gemäß, davon entwerfen will, mag dir dieses beweisen. Find'st Du ein Ganzes darinn, so kann ich unmöglich Unrecht haben, so ist es vielmehr aller derjenigen, die nicht wußten, was sie draus machen sollten, ihr eigener Fehler.

Lord *Berkley*, ein wackrer, feuriger Mann verlebte in London – wo er einen ansehnlichen Rang bey Hof, und ein schönes Vermögen besaß – in dem Schoose seiner Familie, in den Armen seiner geliebten Gemahlinn und zweyer noch nicht erzogener Kinder, viele wonnevolle Jahre; fand in dieser seiner häuslichen Glückseligkeit – die in der That der erste Grundstein aller menschlichen Freuden ist – seine ganze Existenz, lebte und webte nur in ihr, nur durch und für sie. In seinem Sohne *Harry*, einem *braven, ungestümmen, eigensinnigen Jungen*, wie er [135] ihn selbst beschreibt,

5 hinkrokirt: (frz.) schnell entworfen, skizziert.
6 Die 1776 erschienenen Dramen Klingers.

sah er die künftige Stütze seines Alters, den Mann von Kraft und Wirkungsgeist heranwachsen; mit seiner liebenswürdigen zärtlichen Tochter Miß *Karoline*, wollte er den Sohn seines Busenfreundes *Karl Bushy*, gleichfalls einen braven, rüstigen, wilden Knaben glücklich machen, und träumte von nichts als Freuden der Zukunft. Auf einmal schwanden die süßen Hoffnungen, die rosenfarbnen Aussichten alle mit einander dahin, zerschmolzen wie Schneegestöber vor der Mittagssonne. In einer unglücklichen Nacht wurde sein Haus – eben da er im tiefsten Schlaf begraben lag – von einer feindseeligen Kabale überrumpelt, und wie er nun des Morgens aus seiner starren Taubheit erwachte, weder seinen Sohn noch seine Frau fand, nur Miß *Karoline* kalt und erstarrt ihre zarten Hände um seinen Hals schlang, zitternd den kalten Schweiß ihm von der Stirne wegstrich, und nun ein Bote kam, *todt deine Lady*! und wieder ein Bote, *verschwunden dein Harry*! o wer faßt da seinen endlosen Schmerz? so viel verlohren, seine endlose Freude eins seiner Kinder gerettet zu haben! verbannt noch über das zieht er nun mit dem noch einzigen Ueberbleibsel seines Wohlstandes, unter einen andern Himmelsstrich, [136] und findet in Amerika Sicherheit gegen die Verfolgungen seiner Feinde, an deren Spitze – Lord *Bushy* steht. Wer jemals erfahren hat – und wie sehr bedaure ich ihn! – was es heißt, in einem vermeinten Busenfreund einen Verräther zu finden, der wird's dem guten Alten gewiß verzeihen, daß er dieser heßlichen Untreue, die ihm die Wurzel aller seiner Empfindungen bis auf's Mark angefressen hat, durch die er auf sein ganzes Leben unabsehlich elend geworden, sich bey jedem geringsten Anlaß erinnert, nur sein voriges Glück, jetziges Jammerleben und Lord *Bushy* denken kann. – Dieser letztere wird indessen nichts glücklicher; auch Er wird wieder gestürzt; bereut nun den Antheil, den er an *Berkleys* Sturz gehabt, wünschte seinen Haß dämpfen, sich mit ihm aussöhnen zu können. Seinem Sohn hat er erlaubt, seine ehemalige Geliebte, Miß *Karoline*, in aller Welt aufzusuchen, er selbst zieht schon am Rande seines Grabes noch von Ort zu Ort, den Vater zu finden. Viele lange Jahre haben beyde vergebens damit zugebracht, bis auf den Augenblick, da der innre Drang, der den *Karl Bushy* beherrscht, ihn nach Amerika hintreibt, und sein Vater durch ein Ungefähr gleichfalls dahin [137] aufgebracht wird. Hier hebt das Stück an: – *Wild*, (denn unter diesem Namen versteckt sich Lord *Bushy's* Sohn) der nur noch an Tumult, wildem Geräusch, und ewigem Wirrwarr sich laben kann, nur an Schlägereyen, Gefecht und Kriegsgetümmel noch Freude findet; der, weil er nicht hat, was er wünscht, wornach er einzig und allein sich sehnt, nur da lebt, wo er nicht ist; der für nichts Gefühl hat, für nichts existirt, als für das Ideal, das allgegenwärtig seiner Seele Tag und Nacht, wo er geht und steht, vorschwebet, dieser gewiß nicht uninteressante Junge, eröfnet die Scene mit zweyen seiner Bekannten, die er, Kraft des Uebergewichts, das der Mann von Kopf immer über schwächere behaupten kann, so oft und sobald er will, führt und leitet, wie und wohin es ihm beliebt. Aus Rußland hat er sie Hals über Kopf nach Spanien kutschirt, und weil es dort keinen Krieg geben wollte, hat er sie – ohne sich weiter eben um ihre Einwilligung zu bekümmern – mit verbundenen Augen auf ein Schiff gepackt, und kommt nun so eben in Amerika an. Dies sieht nun zwar freylich einer widerrechtlichen Gewaltthätigkeit so ziemlich ähnlich, ist's im Grunde aber doch nicht. Leuten wie *Mon*[138]*sieur la Feu* und Herr *Blasius* sind, kann es vollkommen gleich gelten, welche Luft sie einathmen. Wer wie der erste *Alles*, und wie der zweyte *Nichts* ist, kann sich die sichre Rechnung machen, allenthalben fortzukommen, allenthalben ein Ansehen zu finden, an dem er sich halten kann. *Jener*, ein geistiger Phantast von romanhaften Ideen über und über angefüllt, mit einer übertrieben warmen Phantasie begabt, in ewiger Illusion schwebend, so platonisch empfindsam, als hätt' er vormals nichts als Nektar und Ambrosia genossen, und nährte er sich noch jetzo nur von dreymal gereinigtem Aether, hält es für ein Leichtes, durch den Zauber seiner Einbildungskraft, das schwarze gothische Haus gegen über mit samt dem alten Thurm in ein Feenschloß zu verwandeln, will in das erste beste alte Weib sich verlieben, in ihren Runzeln sich Wellenlinien der Schönheit zudenken; was liegt denn ihm daran, ob er im neuen oder im alten Welttheil seine Phantasie strappaziren muß? – *Dieser*, eine blos sinnliche Maschine, die schon ziemlich ausgeloffen ist, und nur dann in Bewegung geräth, wann sie von außen her einen Stoß erhält, auch sobald dieser äußere Druck aufhört, gänzlich wieder still steht, [139] und ihre angeborne vim inertiae[7] obwalten läßt; ein kalter, matter, ausgetrockneter Bursch, der eh'mals beständig nach Genuß jagte und nun, da er ihn nicht mehr benutzen kann, alle Schnellkraft verlohren hat, allenthalben, er sey auch wo er sey, Langeweile empfindet und verursacht, was kommt es denn darauf an, wo er gähnt? eine halbe Spanne mehr oder weniger Links – denn größer ist die Entfernung auf dem Globo doch nicht – kann bey ihm von keiner Bedeutung seyn: *Wild* hat ihnen also, alles genau überlegt, weit entfernt ihre Ansprüche auf Freyheit zu kränken, noch eine Gefälligkeit dazu erwiesen, daß er sie in eine neue Sphäre versetzt hat. Auf ihr Befragen, was denn hier am Ende eigentlich draus werden sollte? antwortet er: »Daß ihr nichts seht! Um aus der gräßlichen Unabhängigkeit[8] und Unbestimmtheit zu kommen, mußt ich fliehen. Ich meinte die Erde wankte unter mir, so ungewiß waren meine Tritte. Alle gute Menschen, die sich für mich interessirten, hab ich durch meine Gegenwart geplagt, weil sie mir nicht helfen konnten, da sie doch wollten. Ich mußte überall die Flucht ergreiffen; bin alles gewesen. Ward Handlanger um etwas zu seyn. Lebte auf den Alpen, weydete die [140] Ziegen: Lag Tag und Nacht unter dem unendlichen Gewölbe des Himmels, von den Winden gekühlt und von innrem Feuer gebrannt. Nirgends Ruh, nirgends Rast! Die Edelsten aus England irren verlohren in der Welt, ach! und *ich finde die Herrliche nicht, die Einzige die da steht*! – Seht so strotze ich voll Kraft und Gesundheit und kann mich nicht aufreiben. Ich will die Kampagne mitmachen als Volontär; da kann sich meine Seele ausrecken, und thun sie mir den Dienst und schießen mich nieder, gut dann! Ihr nehmt meine Baarschaft und zieht.« –

Jetzt wirst Du doch schon anfangen, den Titel ohne weitern Kommentar zu verstehn? – Doch es kommt noch besser, giebt sich

7 vim inertiae: (lat.) Trägheit.
8 Im Dramentext: »Unbehaglichkeit«.

noch deutlicher, was unter Sturm und Drang zu verstehn ist. – Im dritten Auftritt werden wir in Lord *Berkley's* Zimmer geführt: nach der Beschreibung, die ich Dir schon oben von seiner Empfindlichkeit, von seinem Karakter überhaupt, und von der Art, wie er sein Unglück aufnahm, gemacht habe, wirst Du ganz gewiß neugierig seyn, zu erfahren, wie er sich nach so viel langen Jahren beträgt. Weint und jammert er? oder [141] tobt und wüthet er? Oder raßt er, hat er den Verstand verlohren, weil's, wie *Orsina*[9] sagt, doch Dinge giebt, über die man ihn verlieren muß, wenn man anders welchen hat? – Nichts von alle dem! Der gute ehrwürdige Greis, dem Gram und Kummer mehr als die zurückgelegten Jahre das Haupt mit Schnee bedeckt, Bart und Augenbraunen gebleicht, Furchen ins Angesicht gezogen haben, sitzt bey seiner Tochter, die in süßer Schwermuth ein Stückchen auf ihrem Klavier phantasirt, im Zimmer, und ist – nur halb kindisch geworden, weiter nichts! – Denk einmal mein Lieber! nur halb kindisch! Baut sich mit kindischer Herzensfreude ein Kartenhaus; Lord *Berkley*, der ehmals so wirksame, mit seiner Kraft, Thätigkeit und Liebe alles umfassende Hofmann baut sich ein Kartenhaus! Du mußt ihn selbst hören, so ungern ich auch abschreibe, kann ich mir dennoch nicht helfen. »So ganz zum Kinde zu werden! Alles golden, alles herrlich und gut! Dieses Schloß bewohnen, Zimmer, Saal, Keller und Stall! – All des bunten, verworrnen, undeutlichen Zeugs! – Ich finde an nichts Freude mehr! Glückliche Augenblicke der Kindheit, die ihr rückkehrt! Find an nichts Freude mehr als [142] an diesem Kartenschloß. *Bedeutend Sinnbild meines verworrenen Lebens! Ein Stoß, ein harter Tritt, ein leichtes Windchen wirft dich zusammen*; aber der feste, unermüdete Muth des Kindes, der dich wieder aufbaut! – Ha! so will ich mich mit ganzer Seele nein verschließen, und denken und fühlen nichts anders, als wie herrlich es ist, in dir zu weben und zu seyn. – Lord *Bushy*! ja mein Seel ich räumte dir ein Zimmer ein. So unfreundlich du gegen mich warst, sollst du Berkley's bestes Zimmer bewohnen. Ha! es kehrt sich doch immer in mir herum störrischer *Bushy*! so oft ichs rückden-

9 Lessing, *Emilia Galotti* IV,7.

ke. Einen von Haus und Hof vertreiben, blos weil Berkley besser und fetter stund als *Bushy* – es ist schändlich. Und doch *dies Zimmer ausgemahlt mit meiner Geschichte*, steht dir zu Dienste. – – Ja wer das zusammen fassen könnte, da mein Herz so klein zu ist. – Ha! Ha! Lord *Berkley*! dir ist wohl, da du wieder zum Kind wirst! – Tochter! Kind! du glaubst nicht wie wohl einem werden kann, sieh, so eben bau ich *Bushy's* Zimmer. Wie gefällt dirs? – Wo er sich herumtreiben mag der feindliche [143] *Bushy! – Von Haus und Hof! – Von Weib und Guth! – Bushy! es kann nicht seyn! – Und da mein süßes Kind um alles zu bringen! – Nein Milord, wir können nicht zusammen wohnen.«* Hier zerschlägt er das Kartenhaus, springt erzörnt auf, schmählt mit seiner lieben guten *Jenny*, der ein Wort entwischte, das ihm nicht gefiel; sie sucht ihn zu besänftigen, ihn zu zerstreuen; er wünscht es selbst, aber es hält schwer; alle seine Lieblingssachen Kupfer, Gemählde, Blumen, alles ist ihm gleichgültig geworden; sie versuchen's mit der Musik; *Karoline* spielt ihm vor; es geht aber auch nicht: er ist immer noch der weiche närrische Kerl aus dem ein reiner Ton machen kann, was er will; da giebts Töne, die ihm ein ganzes trauriges Gemählde aus seinem widrigen Leben durch einen Klang vor Augen stellen: und wiederum andre, die seine Nerven so angenehm treffen, daß jedesmal, so wie der Ton zum Ohr kommt, eine der Freudenscenen, die er ehmals erlebte, dasteht.

Beydes will er nicht; er setzt sich also wieder zu seinem Kartenhaus; seine Tochter soll [144] zu ihm sitzen und es ihm wieder aufbauen helfen. »Siehst du!« sagt er ferner zu ihr, »ich hab's weit gebracht, Gottlob! Zerschlagen und wieder aufbauen! Ha! Ha! – Nu lustig! Nimm du den rechten Flügel und ich den linken: Und wenn der Pallast steht, so wollen wir die bleyernen Soldaten nehmen, und du kommandirst ein Bataillon und ich eins. *Wir schlagen uns herum, wie Bushy und Hubert, denn machen wir Komplott, greifen das Schloß an, werfen den alten Berkley nackend mit seiner kleinen Jenny und Weib heraus. – Steckens an – Feuer und Flammen! He Miß!«*

Wie gefällt Dir die Scene? Möchtest Du nicht mit *Karolinen* dem guten Alten um den Hals fallen, sein unglückliches Gedächtniß bedauern, sein graues Haupt an Deinen Busen drücken, und den Himmel anflehn, ruhige Vergessenheit auf ihn herab zu träufeln? Mir wenigstens wird dies herrliche Gemählde bey jedem Kartenschloß, das mir zu Gesicht kommt, jedesmal vor Augen schweben. – Nimms nur nicht [145] übel, mein bester Freund! jetzt eben erst werd ich's gewahr, daß ich die stärksten Züge mit gröberer, besser in die Augen fallender Schrift, geschrieben habe: Deinetwegen hätt ich die Mühe wol sparen können, das weis ich gar wohl; Du würdest das Wahre und Große, das darinn liegt, auch ohne diese Vorsicht gefühlt haben: wer weis aber, wem noch mehr dieser Brief in die Hände fallen kann? wem Du ihn selbst zu lesen geben wirst? Wie leicht könnte es sich nun da ereignen, daß einer von den kurzsichtigen Menschenköpfen, die nichts sehen, als was man ihnen unter die Nase stößt, dahinter käme, die besten Stellen grad übersähe, und Dich und mich dann hintedrein noch auslachte, daß wir solche Kindereyen schön finden können. Der Fall ist nicht möglich, meynst Du? Doch mein Freund! doch! – Hab leider der Exempel schon erlebt.

Gleich nach der Vorstellung, die doch gewiß bey *Borchers*[10] herrlichem Spiel noch unendlich gewann, raunten sich die seynwollenden Kenner einander ins Ohr, das Ding wäre ganz artig, *nur hätte das Kartenhaus wegbleiben können*! Nur wenige hatten mit der [146] Kennerschaft dieser Herren Mitleiden, und fühlten was der Verfasser sie fühlen lassen wollte. Wenn aber auch diese Wenigen nicht wären, – wenn sie nicht wären! – Bester! heute noch wollte ich allen guten Köpfen, die bisher die undankbare Mühe über-

10 David Borchers (1744–1807); vgl. *Allgemeine Deutsche Biographie*, Bd. 3, Leipzig 1876, S. 153 f., und *Gallerie von Teutschen Schauspielern und Schauspielerinnen nebst Johann Friedrich Schinks Zusätzen und Berichtigungen*, mit Einl. und Anm. hrsg. von Richard Maria Werner, Berlin: Verlag der Gesellschaft für Theatergeschichte, 1910 (*Schriften der Gesellschaft für Theatergeschichte*, Bd. 13), S. 16 f. und Register.

nommen haben, für's Theater zu arbeiten, den wohlgemeynten Rath geben, alle ihre Papiere zu Fidibus zu drehen, und aus ihren Schreibfedern zeitlebens Zahnstocher zu schnitzeln! – –

In der Unterredung, die auf diese Scene folgt, fällt es Miß *Karolinen* schwer, ihrem Vater es ganz zu verhehlen, wie schätzbar ihr immer noch das Andenken ihres *Karl Bushy* ist; es entfahren ihr einige entfernte Winke, die den Alten noch verwirrter machen: Seinen und ihren Haß zu nähren, zählt er ihr nun alles, was *Bushy* an ihr verbrochen hat, wieder vor; ist bald rauh, bald weichherzig; freut sich, daß der Feind bald angreifen wird; will beweisen, daß das Alter so kalt nicht ist; heißt sie sein Schloß in Verwahrung nehmen, und geht auf die Parade. *Karoline* zittert vor den Ausbrüchen seiner Schmerzen; ihr Herz sehnt sich nur nach demjenigen, dessen Bild ihr beständig [147] vorschwebt; sie setzt sich zu dem Gespielen ihrer Einsamkeit, dem einzigen Tröster in ihren Leiden, zu ihrem Klavier hin, spielt einige Passagen, fährt plötzlich zusammen, und verfällt in schwermüthige Träumerey, worinn sie von ihrer Base *Louise* gestört wird. Diese ein leichtsinniges, unbedachtsames Mädchen, eine vollkommene Koquette, die von jedem geliebt und angebetet seyn will, ohne jemals wieder zu lieben – das wahre Gegenbild von der sanften *Karoline* – schwatzt ihr mit vielem Humor ein Langes und ein Breites von ihren Liebhabern vor: rechnet an den Fingern nach, wie viel sie ihrer wirklich beysammen hat; macht über alle und hintedrein über ihre eigne Tante – die ohne zu bedenken, daß Winter Winter, und Frühling Frühling ist, auch noch jung thun, und Eroberungen machen will – sich lustig; wird aber von ihrer Base, die sich die ganze Zeit über nur ihren *Karl* dachte, keiner großen Aufmerksamkeit gewürdigt. *Lady Kathrine*, die Tante, kommt voller Freuden, aber zum Unglück auch gar unausstehlich von Schnupfen und Husten geplagt, ihren Nichten den bevorstehenden Besuch von drey Engelländern anzukündigen, eine Nachricht, die selbst *Karolinen* aufmerksam macht, doch [148] scheint's nur ein Blitz zu seyn, der ihr vor der Seele vorbeyschoß; alle gehn an ihren Putztisch sich zur Visite aufzuputzen, und der Vorhang fällt zum erstenmal. –

Im zweiten Akt treten *Wild, Blasius* und *la Feu* wieder zuerst auf; das Kammermädchen führt sie ins Besuchzimmer der *Lady's*; diese werden gleich nachkommen. Der lezte findet schon so was Liebes, Anlockendes im Hereintreten, es schauert ihm so anmuthig ums Herz, ist ihm doch ganz anders in einem Damenzimmer; Da er vollends hinter ihre Bücher kommt, und gewahr wird, daß es Romanen sind, schöpft er die größte Hoffnung, sie mit süßer Fantasie begabt zu finden. *Wild* treibt sich wieder mit Gespenstern herum, kann mit seinen Gefühlen nicht einig werden; springt von Gedanken zu Gedanken, kann an nichts sich fest halten; hat nur für das Bild seiner Geliebten Augen, erblickt's in der Ferne, eilt auf den schnellen Fittigen der Liebe hin, und so bald er da ist, schwindet es, und verliert sich wieder vor ihm. Er glaubte in diesem andern Welttheil zu finden, was dort nicht war; aber hier ist's wie dort, und dort wie hier. *Blasius* ist wieder so [149] gar nichts, mag so gar nichts seyn; *Wilds* Kraft ist ihm zuwider, drückt ihn todt. *Lady Kathrine*, die alte zärtliche Tante, mit ihrer koquetten Nichte *Louise* erscheinen; *la Feu* seinem Vorsatz getreu, schließt sich gleich an die erstere an, um seine Phantasie recht zu scheeren, macht ihr im abgeschmacktsten Romanenton die übertriebensten Komplimenten, und bald drauf die fad'ste Liebeserklärung, die der Lady Eigenliebe nicht wenig kützelt. *Louise* möchte gern an dem *Blasius* einen Liebhaber mehr an ihren Triumphwagen spannen; er ist aber so wenig – ihr Anblick fällt ihm so schwer! *Wild* kann's nicht mehr bey den fatalen Geschöpfen aushalten und eilt weg; die andern müssen nun seine Flegeley entschuldigen, und dichten ihm Anfälle von Tollheit an: *La Feu* wird immer zärtlicher, phantastischer; *Blasius* je länger je verdrüßlicher und langweiliger; *Louise* verliert alle ihre Munterkeit darüber, kriegt Vapeurs, und proponirt den Herren den Thee im Garten zu trinken, weil ihnen das Zimmer nicht wohl zu bekommen schien; alle ab. –

Karoline, die sie vorbey gehn sah, kommt herein und fragt sich selbst erstaunt, »waren dies [150] die Engelländer?« Sie denkt nichts als ihren *Karl Bushy*: »ja so! just so sah er aus, wie er da eben aus meinen Augen hervortritt, und sich vor mich hinstellt;« und in eben dem Augenblick ihrer phantasirenden Entzückung tritt Wild herein. Sie kennen sich noch nicht, aber jedes macht auf das andre beym ersten Anblick eine erstaunende Wirkung: sie waren so klein noch, als sie sich kannten, liebten, getrennt wurden! sind seither so hübsch herangewachsen, haben sich so merklich verändert, und dennoch entdeckt eins in dem andern Züge, die es ihm interessant machen. *Wilds* starrer, forschender, verwildeter Blick, *Karolinens* Unruh zeugen davon zur Genüge. Jener stottert etwas daher, das einer Entschuldigung ähnlich sieht, er hätte sich in der Nummer geirrt; das süße gute Geschöpf vollkommen damit zufrieden, freut sich einen Landsmann mehr zu finden, will seinen Namen wissen; *Wild* heiß ich; – *Wild*, dies ist nicht der Name, den sie zu hören wünschte; er fragt nach dem ihrigen: mein Vater heißt *Berkley*! auf einmal erkennt nun *Wild* in dem herrlichen, leidenden Mädchen, das wahre Bild seiner *Jenny Karoline Berkley*; ganz von innerm Kampf gemartert, wagt er's den holden Namen [151] auszusprechen. Sie erschrickt, fragt mit noch größrer Theilnehmung »Sir, Sir! wer sind Sie?« *Wild* vor ihr niederknieend, ihre Hand ergreifend) »Nein Miß – ich bin – meine Zunge ist so schwach, meines Herzens so viel – ich bin – Miß *Berkley* – (geschwind aufspringend) der Glückliche, der Sie gesehn, der Sie durch alle Welten – (nach der Thür eilend) der Unglückliche – *Karl Bushy*!« – »Mein *Karl*?«[11] ruft Karoline voll Entzückens ihm nach, und fliegt in seine Arme. Bald darauf entsteht zwischen ihrer Liebe und der Furcht vor ihrem Vater – der alle *Bushy's* haßt – ein neuer harter Kampf: welcher von beyden soll sie Gehör geben? Das störrische, unbiegsame Wesen ihres Geliebten macht ihr noch mehr bange. Mit vieler Mühe schmeichelt sie ihm das Versprechen ab, er wolle hier – wo ihn niemand kennt – seinen Namen verbergen, und nun lassen sie beyderseit ihre Empfindungen von Wonne und Glückseeligkeit, sich wieder zu besitzen, ohne allen Zwang sich ergießen. *Wild* umarmt, küßt seine Geliebte, und in dem Augenblick tritt Lord *Berkley* herein, wird ein Augenzeuge dieser Vertraulichkeit, die seine Tochter einem Fremden,

11 Vgl. die unterschiedliche Redeaufteilung im Dramentext S. 31, Z. 13.

den sie zum erstenmal [152] sieht, einem ihm unbekannten verstattet. Ein herrlicher Zug in *Wilds* Karakter, für den es Schad wäre, wenn er unbemerkt entschlüpfen sollte, ist seine edle Aufrichtigkeit, ohne die unmöglich Festigkeit statt finden kann. Wie gefällt Dir die Art, wie er sich entschuldigt?

»*Berkley*. He! was ist das? –
Wild fest.) Ich küßte Milady.
Berkley. Und Du Miß! ließt es geschehn?
Karoline. Mylord!
Berkley bitter.) Adieu Miß!
Wild. Milord wollen Sie mich beleidigen? Ich bitte Sie Miß! bleiben Sie. – Unmöglich kann Lord *Berkley* einen Menschen beleidigen wollen, den er nicht kennt. Ich bin ein Engländer, heiße *Wild*, und wollte Sie besuchen.
Berkley. Brav mein Herr!
Wild. Ich habe gelitten in der Welt, habe gelitten, und meine Sinnen sind etwas wirr worden. Ungestümm bemeistert sich oft meiner. Ein Unglücklicher findet in der Welt so wenig Theilnehmung, ich fand sie bey Miß – Milord und wo man das findet – ich küßte die Miß und würde es gethan haben, wenn ihr Vater gegenwärtig gewesen wäre.«

[153] Wer kann ihm Unrecht geben? Wen wunderts, daß der alte *Berkley*, dem es auffält, ihn so unglücklich zu sehn, das andre vergißt, und so gar anfängt, sich für ihn zu interssiren; nur bemerkt er gleich einen und den andern Zug in seinem Gesicht, den er nicht ausstehn kann, grad die Züge hat auch sein Feind, und wo er diesen ertappt, muß er ihn so lange martern, bis er sie verschwinden sieht.

Nun folgt wieder eine ganz herrlich angelegte, von *Borchers* und *Opitz*[12] meisterhaft gespielte Scene, zwischen Lord *Berkley*

12 Christian Wilhelm Opitz (1756–1810), vgl. *Allgemeine Deutsche Biographie*, Bd. 24, Leipzig 1887, S. 368, *Gallerie von Teutschen Schauspielern und Schauspielerinnen* (s. Anm. 10), S. 109 und Register.

und *Wild*, wo jener sich bey diesem nach den *Bushy's* erkundigt, und wissen will, wie es ihnen gehe? Dieser dann aus Zerstreuung, Grimm, Bitterkeit zur Antwort giebt, glücklich! und doch eingestehn muß, der alte *Bushy* wäre ins Königs Ungnade gefallen, unsichtbar geworden, hätte Haus und Hof verlassen müssen; der Junge zöge in der Welt herum ohne Ruhe; elend durch sich, elend durch das Schicksal seines Vaters. Wie nun der alte *Berkley* von endloser Rachgier glühend, eine ganz kindische Freude bezeugt, zu erfahren, daß seinen Feinden ihr Unrecht auf ihren Kopf vergolten worden; an der Erzählung [154] aller der Unglücksfälle die sie betroffen haben, nicht satt sich hören kann, und dann wieder in Betracht der an ihm begangenen Verrätherey ihnen noch unzählige mehr an den Hals flucht, und dies alles in Gegenwart des *Karl Bushy* selbst, der sich nicht zu erkennen geben darf, alles mit anhören, verbeißen muß! Welche gräßliche Lage! Welcher Drang! Welcher Kampf! Auch ist er eben im Begriff abzugehn, wird aber von *Berkley* zurück gehalten, muß ihm noch allerley von *Bushy* und seinem Sohn und *Hubert* sagen; soll eingestehn, jener wäre ein alter Erzheuchler; da er dies nicht thun will, sagt *Berkley* ihm ins Gesicht, er müßte wol seine Parthey nehmen, da er seine Nase trüge. *Wild* kann's nicht mehr aushalten, geht ab. *Berkley* dankt ihm für die gute Nachrichten; es ist ihm nun wohl, da es schwer auf den *Bushy's* und auf dem *Hubert* liegt; er eilt zu seiner Tochter, ihr die Freude zu erzählen, und so schließt sich der zweyte Akt. –

Den dritten Aufzug eröfnen *Blasius* und *la Feu*; beyde können nicht begreifen, warum *Wild* so ausserordentlich freudig ist, was er haben mag. Jener ist immer so kalt, so kraft[155]los; Dieser liegt in einem ewigen Fieber, befürchtet noch aufzufliegen, wie eine Bombe; ist in die Lady *Kathrine* sterblich verliebt, will vor ihrem Kammerfenster Nachtwache halten, ein Feenmährchen schreiben. *Blasius* hat sich in Schlaf geplaudert; *Wild* kommt in seinem Wonnegefühl, die, die ihm Alles ist, gefunden zu haben, hergeschwommen, da er aber so wenig Theilnehmung bey ihnen findet, eilt er eben so geschwind wieder ab, sein Gefühl in die Lüfte auszuhauchen.

Seekapitain *Boyet* tritt mit einem kleinen Mohren, den er nach seiner jedesmaligen Laune bald gut, bald übel behandelt, herein. Unter einem den rauhen wilden Karakter des *Kapitains*, und die dankbare gedultige Denkungsart des Jungen, sehr gut schildernden Gespräche, läßt er sich eine Pfeife Toback stopfen; wird indem die beiden erst gewahr, und läßt sie zu seiner Belustigung von seinem Knaben necken. *Blasius*, der im Schlaf an der Nase gezupft wird, steht in der Meynung, *Wild* thät es, und schimpft auf ihn. Kaum hat er seinen Namen genannt, so fährt der *Kapitain*, der der nemliche ist, dem *Wild* schon dreymal auf [156] Leben und Tod gestanden hat, auf, und will wissen, wo dieser ist. Bald darauf stößt er auf ihn selbst, und sagt ihm ohne weitere Ursachen anzugeben, er könne ihn nicht leiden, könne nicht zugeben, daß er Gottes Luft mit ihm einzöge, seine Faust griff nach Degen und Pistole so bald er ihn nur von weitem erblickte, und somit müßte er sich zum viertenmal mit ihm schlagen; *Wild* kann's – da sie nun einmal an einem Ort nicht zusammen leben können, und er hier leben muß – nicht abschlagen. Der folgende Tag wird zur Schlägerey festgesetzt, *Wild* will noch erst die Bataille mitnehmen, der Kapitain setzt aber den derbsten Fluch drauf, er soll sich nicht drinn todt schießen lassen; und so verwandelt sich die Bühne in einen Garten: es ist Mondschein: Lady *Kathrine* und *Louise* gehn spatzieren; jene ganz vertieft in ihren Liebevollen Schwärmereyen, diese bös auf den *Blasius* und aufgebracht gegen den *Wild*, weil keiner zärtlich mit ihr thun will, weil der leztere sich sogar – wie sie ihm schon abgelauert hat – ihrer Base *Karoline* den Vorzug vor ihr einräumt; sie vermuthet, er sey ein ganz andrer, als für den er sich hier ausgiebt; die Tante, meynt *la Feu*, würde ihnen das schon sagen [157] können; beschwört ihn auch, da er bald darauf zu ihnen kommt, bey allen Liebesgöttern, ihr den wahren Namen seines Begleiters des *Wild* zu entdecken. Er erinnert sich's zwar, daß er einmal einen Bedienten fortjagte, der's verrieth, daß er es ihm selbst auch verboten, wie könnte er aber der süßen Zauberstimme seiner himmlischen Göttinn widerstehn? Er lößt ihnen also das ganze Rätzel, und führt sie hernach, den herrlichen Abend zu genießen, tiefer in das Gebüsche. –

Nun kommen zwo Scenen, denen zu einer vollkommnen petrarchischen Phantasie[13] nur Reim und Sylbenmaas fehlen. *Wild* vertraut bey der feyerlichen Stille der Nacht, dem Mond und den Sternen, deren Anblick sonst ihm Thränen entlockte, sein Glück an. – Er fühlt nun alles wieder einmal so rein um sich her; versteht wieder das Rauschen der Bäume, das Sprudeln der Quelle, das Gemurmel des Bachs, deutlich ist ihm wieder alle Sprache der Natur; dies alles that die allmächtige Liebe! – Von gleichzärtlichem Wonnegefühl durchglüht, singt *Karoline* die Antistrophe zu ihrem Fenster herab; *Wild* fliegt in [158] ihre Arme auf den Schwingen der Liebe, steht auf den Aesten des Baums und hängt an ihren Augen, athmet nichts als Liebe. Seine gute, sanfte *Karoline* weint die ersten Thränen der Freude, aber mit unter auch Thränen des Kummers. Die Uniform, die er an hat, die morgende Bataille! Was hat sie nicht zu besorgen für ihren Vater? für ihren Geliebten? der sie durch seinen festen Glauben an die Allgewalt der Liebe zu beruhigen sucht: »Laß mich wandern in Todesthäler; sagt er, hieher führt die Liebe zurück!« »Und mich,« seufzt seine holde Schöne, »mich führt die Botschaft zu Dir!« – Lady *Kathrine, Louise, Blasius* und *la Feu* kommen dazu; die neidische Base freut sich, sie ertappt zu haben, alle gehn mit Vorsatz ganz nah an ihm vorbey; in tiefes innres Gefühl aber versunken, bleibt er unbeweglich, ohne sie zu bemerken, oder sich um sie zu kümmern, auf dem Fleck stehn, wo sein Herz alles fühlte, was Schöpfung schuf und der Mensch fühlen kann.

Im vierten Aufzug läßt sich der Seekapitain, weil er vom Wirth vernommen, es wohne ein Engländer über ihm, beym alten *Berkley,* [159] der sich auf die morgende Bataille freut, melden, und wird mit offnen Armen von ihm empfangen. Jeder, der tapfer, feurig, ungestümm ist, muß dem guten Alten – der sich seinen Sohn immer so vorstellt – willkommen seyn. *Boyets* Anblick trift seine Seele wunderlich; diesen verläßt alle seine starre Wild-

13 Wagner verweist auf einen der geistesgeschichtlichen Ursprünge der Geniezeit, das neubelebte Interesse an Petrarca.

heit; schon zehn ganzer Jahre fuhr er auf der See herum, zu suchen, was – hier vor ihm steht – seinen Vater! Er ist *Harry Berkley* selbst; an dem wilden, stieren Blick, dem rollenden Drohaug, dem festen, dem unerschüttlichen, entschloßnen, erkennt ihn sein Vater; ahndete es, sobald er ihn zu Gesicht bekam. In seiner Freude, daß ein so tapfre Seemann sein Sohn ist, bezeugt sich der gute Greis fast eben so kindisch als in seinem Kummer; vergißt nun alles was er gelitten, und ruft *Karolinen* herbey, an seinem Glück theil zu nehmen. Sie kommt, er kann nicht Worte finden, es ihr zu sagen, der Kapitain giebt sich selbst zu erkennen. Wechselsweiß umarmt sie nun der beglückte Vater; im Taumel der Freude entwischt ihm der sein gutes Herz verrathende Wunsch: »Nun geb dir auch der Himmel deinen Sohn, alter *Bushy*!« Da aber der Kapitain zu wiederholten malen nach seiner Mutter [160] fragt, und der Vater ihm nun gestehn muß, sie wäre todt, todt durch *Bushy's* Schuld! zieht er im Wahnsinn – worein dieser Gedanken ihn zurück stürzt – sein Wort wieder zurück, und flucht den *Bushy's* aufs neue; wird aber von seinem Sohn, der sich's verdrießen läßt, den alten Heuchler der See gegeben zu haben, von einer Extrāmität zur andern, von dem tiefsten Grad des Schmerzens zur höchsten Freude, die befriedigte Rache gewähren kann, hingerissen. *Karoline* sinkt bey der Nachricht ohnmachtig hin; *Wild* kommt dazu, weil ihn Lord *Berkley* zum Nachtessen invitirt hatte, hat nur für Miß *Jenny* Augen und Sinn, will wissen was es ist? Der Alte stellt ihm im Kapitain seinen Sohn vor: »Nun dann! auch das noch!« sagt jener, und schenkt wieder alle Aufmerksamkeit seiner Geliebten, die ihn fortgehn heißt; und nun erzählt ihm *Berkley* noch eine Freude, noch eine Hauptfreude! Sein Sohn hat den alten *Bushy* erschlagen, er ist todt, sein Feind ist todt! *Wild* soll sich mitfreuen. – Fühlst, was für einen *Drang* in diesem gräßlichen Augenblick seinen und seiner *Karoline* Busen aufschwellen muß?

Mit der teuflischen Freude eines Schadenfroh erklärt nun der Kapitain weitläuftig, wie [161] er es angefangen: Unter einem der schrecklichsten Stürme, hat er ihn und den *Hubert* in einer kleinen Barke auf die See gesetzt. *Karoline* sinkt matt hin, auch der rachgierige *Berkley* gesteht, »es gelle ihm wirklich in der Seele« – »Thuts das?« fragt ihn *Wild*, der bisher mit starrem Blick in kraftloser Unthätigkeit, auf einem Fleck angenagelt schien. – Der Kapitain, der ihn noch immer für einen Schottländer hält, und nicht wissen kann, wie viel Antheil er an seiner Erzählung nimmt, fängt wieder an, ihn zu necken; wüthend greift *Wild* zum Degen, der *Kapitain* ganz kaltblütig auch; *Berkley* tritt dazwischen, *Karoline* fleht einen nach dem andern an, sinkt in *Wilds* Arme. – Endlich nehmen Sie Abrede, sich Tags darauf Stirn gegen Stirn zu schießen; und indem kommen Lady *Kathrine* und *Louise* dem Lord *Berkley*, in der Person des Sir *Wilds* den Karl *Bushy*, und im Karl *Bushy* den Bräutigam seiner Tochter vorzustellen. Daß Harry und sein Vater große Augen machen, ihr Gefühl, ihre Antipathie gerechtfertigt zu sehen, ist leicht zu begreifen. *Wild*, seiner ihm eigenen Festigkeit gemäß, gesteht es ein, faßt Miß in seine Arme, sie ist sein! – bittend wendet sie sich an ihren [162] Vater, an ihren Bruder, wird aber auf Befehl des erstern von ihrer Tante fortgeführt.

Und nun folgt wieder eine Meisterscene, worinn *Wild* dem Kapitain sein niederträchtiges, feiges, schwarzes Betragen – zween abgelebte Greise mitten im Sturm auf die See zu setzen – in seinem ganzen Umfange vormahlt, die man aber sehn muß, um sie recht zu fühlen. Der Mohrenjunge schleicht sich zum *Wild* hin, bringt ihm ein Bild, das der gute Alte, (so nennt er ihn) sehr lieb hatte; jener erkennt's für das Bildnis seiner Mutter; hat aber leider keine Liebe mehr, alles lodert in Rachgierde und Grimm auf. Der gutherzige Junge möcht ihm gerne noch mehr sagen, darf aber vor seinem Herrn nicht; bey der Abrede sich morgen zu treffen, bleibts; und beyde gehen, jeder nach des andern Blut dürstend, ab. – –

Der Morgen erscheint, und mit ihm gehts in die Bataille, *Wild* thut Wunder darinn: sein Erbfeind Kapitain *Boyet* selbst, muß ihm die Gerechtigkeit widerfahren lassen, und eingestehn, *Bushy* hätte Teufelsdinge mit seinen Freywilligen gethan, hätte die meiste Ehre von [163] dem Sieg; er seines Orts wünschte lieber geschlagen zu seyn. – *Karoline* hat unter Zittern und Zagen den Ausgang der Schlacht abgewartet. Jeder Schuß, den sie höret, traf ihrer Meynung nach, einen von den drey ihr so nah liegenden, traf sie selbst. Der Mohr kommt dazu, hat ihr allerhand zu entdecken, wagt's aber nicht, will ihr weinen helfen, *wir Schwarzen lernen gar zu früh weinen von euch*, sagt er, *aber ihr lacht dazu.* Beyde gehn ab; *la Feu* und Lady *Kathrine* und hintedrein *Blasius* mit *Louisen*, machen wieder einen ihrem Karakter angemeßnen episodischen Auftritt. Jener will ein Schäfer, dieser ein Einsiedler werden; jener ist ganz Empfindung, dieser ganz abgespannt, beydes taugt nicht viel. Der alte *Berkley* kommt – über den erfochtnen Sieg sehr froh – aus der Schlacht zurück, sein Sohn, der Kapitain mit, hat aber einen Schuß von der Seite in die Wade bekommen: Die Parthie quarree[14] zieht ab; *Karoline* kommt, freut sich, sie wieder zu sehn, und erkundigt sich nach ihrem *Wild*; der Mohr folgt ihr, und muß dem Kapitain die Kugel aus der Wunde ziehn: *Wild* oder *Bushy* vielmehr, erscheint auch, sein erster Blick fällt auf Miß *Karoline*, sein zweyter fodert Blut von *Harry* [164] für seinen Vater; sie wollen abgehn, *Jenny* will aber ihren Geliebten nicht lassen, und begleitet ihn; ihr Vater selbst scheint für das Leben seines Sohns besorgt zu werden. Er soll sich nicht schlagen! –

Die Bühne verändert sich und stellt wieder den Garten vor. *Wild* und *Karoline* sind noch nicht einig, was die Pflicht in diesem Augenblick will. Diese erwartet lauter Liebe, Vergebung; jener möchte Rache mit Zärtlichkeit verbinden. Er kann den *Harry* nicht für ihren Bruder erkennen! Eben wie der innre Kampf, der Drang am größten ist, kommt der Mohrenjunge wieder, und erzählt dem jungen Lord *Bushy*, der Alte – der sein Vater seyn soll – wäre nicht umgekommen, sie hätten den Kapitain hintergangen, ihn und seinen Gefährten in einen Winkel versteckt, und er (der Mohr) hätte ihnen Bisquit und Wasser satt gestohlen. Nun

14 Parthie quarree: (frz.) Lustpartie zweier Pärchen.

schwindet alle Rache aus der edlen Brust des Jünglings; er verzeiht alles; sein Vater erscheint in Person; er will sich *Berkley* darstellen, und ihn versöhnen. Dieser kommt auch, und der Kapitain mit; es hält lange, bis es jenem gelingt, diese zum Stehn zu bringen; [165] dennoch scheint endlich die Wahrheit die in der Miene und dem Vortrag des alten *Bushy* herrscht, seinen Entschuldigungen einiges Gewicht zu geben, *Berkley* wird nachdenkend, der Kapitain muß erst einig mit sich selbst werden, und geht zuerst ab. Die Festigkeit des jungen *Bushy* erlaubt dem Vater nicht, seine Tochter ihm zu entreißen; eine herrliche Scene, die diese dreyfache Lage vorbereitet, hat der Verfasser recht gut zu benutzen gewußt, ich muß sie aber übergehn. – *Berkley* invitirt endlich den alten *Bushy* mit ihm die Allee hinab zu gehn; Er will versuchen, ob er sich mit ihm vertragen kann. *Karoline* und *Wild* gehn, in vollem Gefühl der Liebe sich umarmend, auch ab. – Keins von den vieren drehte sich aber wieder um, hergebrachter, und ohne Zweifel der Illusion[15] sehr aufhelfender Gewohnheit gemäß, sich zu verbücken, oder zu verneigen: Ein Umstand der Ursache war, daß die Helfte der Zuschauer noch erwartungsvoll auf einen neuen Akt wartete. –

Dies mag so hinreichend seyn, Dir einen Begriff von *Sturm* und *Drang* zu machen. Wenn ich nicht irre, so geht alles drinn ganz [166] natürlich, aber freylich nicht alltäglich zu; und dies ist immer ein großer Fehler von einem dramatischen Schriftsteller, der für ein unsichtbares Publikum arbeitet; ist er aber mit dem Beyfall weniger, an hundert verschiednen Orten zerstreut lebender feinerer Seelen, zufrieden, will er nur einem unsichtbaren Häuflein gefallen, dann wird vielleicht das zur Schönheit, was jenen zum Aerger war. –

Noch wenig Worte vom Spiel! Zu *Wilds* Rolle hat Herr *Opitz* all' das glühende Jugendfeuer, das sie erfodert, und spielte von Anfang bis ans Ende herrlich. – Herr *Borchers* als Lord *Berkley*, war

15 Illusion: berichtigt aus ›Jullusion‹.

ganz in seinem Fach unnachahmlich! – Kapitain *Boyet*, (Hr. *Möller*[16]) gefiel einstimmig. – Hr. *Großmann*[17] und Hr. *Hellmuth* der ältere[18], jener als *la Feu*, dieser als *Blasius*, füllten die episodischen Rollen aus. – Lord *Bushy* war Hr. *Kirchhöfer*,[19] und seine Tochter[20] stellt den *Mohrenjungen* mit vieler Wahrheit vor. – Lady *Kathrine* ist eine Rolle, die sich's für eine Ehre schätzen muß, daß Madam *Seyler*[21] sie studieren mag. *Jenny Karoline Berkley* war Madam *Toskani*[22]; sanfte und zärtliche Karaktere gerathen ihr aber nicht [167] so gut, als wilde und koquette; besonders gelang ihr der Monolog vom Fenster herab gar nicht. – Madam *Fiala*[23] als *Louise*, war auch nicht an ihrem rechten Platz. Ich dächte unmaßgeblich, sie tauschten bey Gelegenheit ihre Rollen gegeneinander um. – Jetzt empfehl ich mich. In den ersten drey Monaten erhälst Du keinen so langen Brief wieder, dafür steh ich.

Dein
Y. k.

16 Heinrich Ferdinand Möller (1745–1798), Schauspieler und Dramatiker; vgl. *Gallerie Teutscher Schauspieler und Schauspielerinnen* (s. Anm. 10), S. 98 und Register.

17 Gustav Friedrich Wilhelm Großmann (1744–1796), Schauspieler und Dramatiker; ebd., S. 55 und Register.

18 Karl Hellmuth d. Ä. (1740–[?]); ebd., S. 61 und Register.

19 Kirchhöfer (Vorname und Lebensdaten unbekannt); ebd., S. 318.

20 Kirchhöfer (Tochter) (1765–1795); ebd., S. 77 und Register.

21 Friederike Sophie Seyler (1738–1789); vgl. *Allgemeine Deutsche Biographie*, Bd. 11, Leipzig 1880, S. 788 f., und *Gallerie Teutscher Schauspieler und Schauspielerinnen* (s. Anm. 10), S. 122 f. und Register.

22 Anna Elisabethe Toskani (Lebensdaten unbekannt); *Gallerie Teutscher Schauspieler und Schauspielerinnen* (s. Anm. 10), S. 153 und Register.

23 Fiala (gest. 1822); ebd., S. 48 und Register.

N. S.
Den Beschluß machte ein Ballet, das aber – weil Herr *Schulz*[24] unpaß war – nicht so ausgearbeitet seyn konnte, wie die andern; worinn Er selbst erscheint.

Briefe, die Seylerische Schauspielergesellschaft und Ihre Vorstellungen zu Frankfurt am Mayn betreffend. Frankfurt am Mayn: bei den Eichenbergischen Erben, 1777. S. 131–167. [Nach dem Exemplar in der Stadt- und Universitätsbibliothek Frankfurt am Main.]

Die Briefe über die Seylerischen Vorstellungen zu Frankfurt, sind von H. Wagner, und durch die Zergliederungen der aufgeführten Stücke nützlich, worunter wir *Sturm und Drang*, ein neues Schauspiel von Klinge [sic!] anmerken, daß nun auch gedruckt werden wird. Es hat neue und gutgeführte Karaktere.

[Reichardt:] [?] Kurze Geschichte der dramatischen Dichtkunst vom vorigen Jahr. In: Theater-Kalender, auf das Jahr 1778. Gotha: Carl Wilhelm Ettinger, 1778. S. 45. [Nach dem Exemplar im Britischen Museum, London.]

Johann Caspar Lavater

Poeten werden geboren, nicht gemacht. Geboren – aber doch wie alle andere Menschenkinder, mit *Schmerzen*, und selten ohne *Wehmütter.* – [226] Zum Beschlusse – sey *Klingers*, ob kenntliches, oder unkenntliches Bild? hingesetzt – Daß er poetischer Mann;

24 Schulz: unbekannter Ballettmeister.

nicht Weib ist – daß er *Sturm und Drang* dichtet – wer sieht's nicht wenigstens an Stirn und Auge?[25]

> Physiognomische Fragmente zur Beförderung der Menschenkenntniß und Menschenliebe. Dritter Versuch. Leipzig und Winterthur: Bey Weidmanns Erben und Reich, und Heinrich Steiner und Compagnie 1777. S. 225 f. [Nach dem Exemplar im Britischen Museum, London.]

Sammlung neuer Original-Stücke für das deutsche Theater. Berlin und Leipzig bey Decker, 1777. 8.

Diese Sammlung, welche, wie wir aus der Vorrede sehen, fortgesetzt werden soll, enthält folgende vier Stücke:

Sturm und Drang. Ein Schauspiel von Klinger.
Seit *Leßing* Orsina[26] und *Göthe* Werthern schuf, seitdem sind die *wahnwitzigen Damen* [661] und die *überspannten Kerle* so gang und gebe geworden, daß man aufm Theater nichts anders zu sehn

25 Diese Stelle über Klinger findet sich an hervorgehobener Stelle in den *Physiognomischen Fragmenten*, am Schluss des Fragments über die Dichter, im Anschluss an die langen Ausführungen über Goethe. Mit der Bemerkung über Klinger und seinem Porträtstich schließt das Dichterkapitel der *Physiognomischen Fragmente.* – Lavater datierte den Beschluss des 3. Bandes auf den 1. März 1777 (ebd., S. 356), die Vorrede auf den 7. Oktober 1777. Der Band erschien wohl vor dem Druck des Klinger'schen Stückes; die Bemerkung über Klinger beruht jedenfalls nicht auf einer Kenntnis des Stückes, sondern wohl auf einer brieflichen Mitteilung eines Dritten. – Lavaters Klinger-Urteil, das ja auf der physiognomischen Deutung des in seiner Echtheit zuvor angezweifelten Stiches beruht, war von größter Wirkung für eine weitreichende Propagierung des Dramentitels und bot zugleich in seiner unklaren Logik leichten Anlaß für parodistische oder satirische Verwendung.

26 *Emilia Galotti.*

bekömmt, als *Weiber* die *rasen*, und *Männer* die *schwindeln*. Wer da Lust hat eine Portion Narrheiten vom ersten Range sich voragiren zu lassen, der lese diesen *Sturm und Drang*! Was auch in dem Schreckenstücke spricht und handelt, scheint dem Tollhause entsprungen zu seyn – Jung und Alt, Greiß und Jüngling, Mann und Weib – jedes hat seine Portion Niesenwurz nöthig, um sich zu Verstande zu prußten. Wahrlich uns ist es unbegreiflich, wie *Lavater*[27] im dritten Bande seiner physiognomischen Fragmente, wo *Klingers* Profil abgedruckt ist, in diesem Sturm und Drang den *poetischen Mann* hat erkennen können. Wir erkennen ihn nicht darin, ob wir gleich weit entfernt sind, *Klingers* dramatsches Genie überhaupt zu verkennen. In seinem *leidenden Weibe*, in seinem *Otto* und seinen *Zwillingen* strahlt immer der Geist von *That* und *Kraft* hervor, immer der Mann, von dem unser Theater viel zu erwarten hat! Nur wünschten wir Herrn *Klinger* mehr kühles Blut – wünschten mehr seinen Verstand über seine Einbildungskraft Meister – denn diese rennt nur gar zu oft mit seinem Verstande davon. Auf dem Theater wollen wir doch einmahl Menschen sehn, Wesen, wie sie auf unsrer sublunarischen Erde Mode sind. Aber man lese seine *neue Arria*, seinen *Simsone Grisaldo* und diesen *Sturm und Drang* – sind das wohl Menschen, die in diesen Dingern auftreten? – Menschen, gebohren unter die Mittagslinie, am [662] Gehirn und Herzen versengt – können kaum so unsinnig reden und handeln. Was nützen nun solche Schauspiele? wer kann die sehen? und wer will die sehen? Wer vermag mit solchen Menschen zu sympathisiren? Leute, die so viel Sommer im Kopf haben, daß sie sich des Sonnenmeeres, wie eines kühlenden Bades bedienen – solche Leute sind nicht für die Theater unsrer sublunarischen Erde! Fährt Hr. *Klinger* so fort in seinen Dramen zu rasen, so ist er mit allen seinen Dichtertalenten für uns verlohren – und Kunstrichter die in solchem Unsinn noch Denkmähler seiner Vergötterung finden, und ihn mit Lob und Bewunderung ausposaunen, jemehr er Mensch und Menschennatur untergräbt, die mögen denn mit ihm eine Reise nach der Sonne antreten.

27 Vgl. hier S. 123f.

Vielleicht – wenn sie bewohnt ist und ein Theater hat – intereßiren da die *Klingerschen* Karrikaturen mehr, denn wir vermögen nicht mit ihnen zu sympathisiren, und danken den heiligen neun Musen, daß wirs nicht vermögen, weil uns gesunder Menschenverstand lieb ist!

Wohl bekomms denen Herren sammt und sonders, die solche Speisen verdauen können – aber wahrlich – wenn wir Schriftsteller wären – wir würden die Lust verliehren für ein Publikum zu schreiben, das *Gutes* und *Schlechtes* gleich gern genießt! Daß *Klinger* was Gutes kochen könnte, wenn er seinem Verstande mehr, als seiner Einbildungskraft folgte, das ist klar! Aber man sollt' es ihm, wenn er dann nun aus den entgegen gesetzten Gründen schlecht kocht, doch auch empfinden lassen. [663] Wahrlich, das muß ein sehr verdorbner Magen seyn, der alles schlingt, was ihm vorkömmt, und der Mann, der das kann, laborirt gewiß am Freßfieber, wofür Apollo doch jeden Christen in Gnaden bewahren wolle!

Besser getrennt als ungeliebt! Ein Schauspiel in fünf Aufzügen von d'Arien[28].
Zugegeben, daß *Klingers* dramatscher Genius nicht auf Hrn. *d'Arien* ruht; daß er nicht die volle männliche Kraft hat auf menschliche Seele zu wirken, wie sie *Klinger* hat: so hat doch Hr. *d'Arien* einen mächtgen Vorsprung vor *Klingern*, wenn es auf Sprache der Empfindung, auf wahre Sprache der Natur ankömmt. Auch *Klinger* würde das können, wenn nicht Affektation und zu erhitzte Einbildungskraft ihn in die Falle führten.[29]

Berlinisches Litterarisches Wochenblatt. 2. Band vom Jahr 1777. 42. Stück. Berlin den 18. October 1777. Berlin und Leipzig: bei Friedrich Wilhelm Birnstiel. S. 660–663. [Nach dem Exemplar der Hessischen Landes- und Hochschulbibliothek, Darmstadt.]

28 Bernard Christoph D'Arien (1754–1793), Hamburger Dramatiker der Zeit.
29 Die Übereinstimmung in mehreren Einzelheiten macht es wahrscheinlich, dass Heinrich Leopold Wagner diese Rezension bei seinem Bericht über die Frankfurter Aufführung (vgl. S. 103 ff.) vor Augen hatte.

Auf 115 S. in 8. ist gedruckt: *Sturm und Drang, ein Schauspiel von Klinger.* Schon der Titel machte uns bange, und gleich der Anfang des Stücks. – Rec. wuste nicht wo er war und was er las, für Geheul des Sturms und Gefühl des Drangs, für Raserei, Tollheit, Haß, Rache, Dummheit und Närrisch seyn, Schwingungen der Liebe, die die Phantasie über die Sonne jagen, und dann noch lederne Zitzen, Flegeleien, Esel und Ochse, Knotenmäßig, Schurke, Hund du toller, und Dianens keusches Nachthemd dazu. – Nein! der müßte des Drangs gewohnt seyn, der das auszustehen vermögend wäre![30]

Greifswald, den 15ten November 1777.

Neueste Critische Nachrichten. Greifswald. Dritter Band. XLVI. Stück. 1777. S. 368. [Nach dem Exemplar in der Archivbibliothek Stralsund.]

Ohne Benennung des Orts.

Sturm und Drang. Ein Schauspiel von Klinger. 8. 1776. 115 Seiten. Lord Berkley mußte nach Amerika flüchten, um den Verfolgungen seiner Feinde zu entgehen, an deren Spitze er den alten Bushy, seinen Busenfreund glaubte. Dies erfüllte ihn mit dem bittersten Haß gegen dieß ganze Geschlecht. Karl Bushy, der Sohn, liebte seine Tochter, Karoline, und suchte sie allenthalben unter dem Namen Wild auf. Ein toller, ungestümmer Jüngling, dem sein innrer Kummer, sein innrer Drang, nur an Wirrwarr und Tumult sich zu laben erlaubt, und den das Ideal seiner Geliebten, das ihm immer vor Augen schwebt, nirgends Ruhe läßt. Er kommt, mit zwey phantastischen Reisegefährten, in Amerika an, lernt den alten Berkley kennen, findet seine Karoline wieder, und einen seiner Todfeinde, einen wilden Seekapitain, ihren Bruder, und Berkleys längst für verlohren bejammerten Sohn. Der Haß der Berkleys gegen die Bushy, zeigt sich in seiner vollen

30 Die Kritik findet sich in den *Neuesten Critischen Nachrichten* unter der Sparte »Vermischte Nachrichten«.

Wuth; der Seekapitän rühmt sich, den alten Bushy ersäuft und seine Familie gerächt zu haben. Wild und er wollen sich Stirn gegen Stirn schießen, gehn aber erst in die Bataille. Doch der alte Bushy ist nicht todt, ein gutherziger Mohrenjunge hatte ihn gerettet: Er rechtfertigt seine Unschuld. Wild und Karoline werden glücklich, und die alte Freundschaft der Familien wird wieder erneuert. Hier ist Wilds Monolog im dritten Aufzuge[31]. »Die Nacht liegt so kühl, so gut um mich. Die Wolken ziehen so still dahin! Ach sonst wie das alles trüb und düster war! Wohl mein Herz! daß du dies schauerhafte wieder einmal rein fühlen kannst! daß die Nachtlüftchen dich umsäuseln, und du die Liebe wehen fühlst in der ganzen stillen Natur. Glänzet nur Sterne! [744] ach, Freunde sind wir wieder worden! Ihr werdet getragen mit allmächtiger Liebe, wie mein Herz, und flimmt in reiner Liebe, wie meine Seele. Ihr wart mir so kalt auf jenen Bergen! und wenn meine Liebe mit euch sprach, drängten sich volle Thränen hervor, ihr schwandet aus den nassen Augen, und ich rief: Jenny, mein Leben! Wo bist du blieben, Licht meiner Augen? So hieng ich oft an dir, Mond! und dunkel ward's um mich, da ich nach der reichte, die so fern war. Ach daß alles so zusammen gewebt, so zusammen gebunden mit Liebe ist. Wohl dir! daß du wieder das Rauschen der Bäume, das Sprudeln der Quelle, das Gemurmel des Bachs verstehst! daß alle Sprache der Natur dir deutlich ist – Nimm mich auf in deine liebliche Kühle, Freund meiner Liebe!«

Gothaische gelehrte Zeitungen auf das Jahr 1777. Gotha: bey Carl Wilhelm Ettinger, [1777]. 90. Stück. S. 743 f. [Nach dem Exemplar in der Forschungsbibliothek, ehem. Landesbibliothek Gotha.]

31 Das Zitat bildet den Monolog Wilds, der die zentrale Szene III,7 umfasst. Der Text weicht außer für die Sinnänderung der Wendung »Freunde sind wir wieder worden!« (vgl. hier S. 44, Z. 34) nur in Orthographie und Interpunktion von der Vorlage ab.

Sturm und Drang. Ein Schauspiel von Klinger. Berlin bey Decker. Von Lavatern im 3ten Theil der physiognomischen Fragmente mit so vielem Spectakel angezeigt, dachten wir, muß denn doch des Aufhebens werth seyn! Ein Mann der Sturm und Drang schreiben konnte – ey! – ecce iterum Crispinus! hebt Freund Juvenal eine seiner Satiren[32] an.

Dachten, und kauften, und lasen, und schauten, lasen wieder, und fanden – – überall an dem Schauspiel nichts, wenigstens nichts, welches einen ausserordentlichen Geist verriehte, nichts, welches in so vielen andern Schauspielen nicht bereits schon mit weit mehr Ausdruck dargestellt, zu lesen sey. Wild, La Feu, Blasius u. s. w. sind die spielenden Personen und haben gewiß nomen et omen vereint. Wollen doch ein klein wenig sie selbst sprechen hören. Gleich der Anfang:

WILD. Heida! nun einmal im Tumult und Lerm, daß die Sinnen herumfahren, wie die Dach-Fahnen beim Sturm. Das viele Geräusch hat mir schon so viel Wohlseyn entgegen gebrüllt, daß mir wirklich ein wenig anfängt besser zu werden. So viel hundert Mei[184]len gereiset, um dich in vergessenden Lermen zu bringen – Tolles Herz! du solst mirs danken! Ha! tobe und staune dich denn aus, labe dich im Wirrwarr! Wie ists Euch?

BLASIUS. Geh zum Teufel! kommt meine Donna nach?

LA FEU. Mach dir Illusion Narr! sollt mir nicht fehlen, sie von meinem Nagel in mich zu schlurpfen, wie einen Tropfen Wasser. Es lebe die Illusion, Ey! ey, Zauber meiner Phantasie, wandle in den Rosengärten von Phillis Hand geführt –

WILD. Stärk dich Apoll närrischer Junge!

LA FEU. Es soll mir nicht fehlen, das schwarze verrauchte Haus gegen über, mit samt dem alten Thurm, in ein Feenschloß zu verwandeln. Zauber, Zauber Phantasie! – (lauschend) welche lieblich, geistige Symphonien treffen mein Ohr? – – Beim Amor! ich will mich in ein alt Weib verlieben, in einem alten baufälligen Haus wohnen, meinen zarten Leib in stinkenden

32 Juvenal, *Satiren* 4.

Mistlöchern baden, blos um meine Phantasie zu scheren. – Ist keine alte Hexe da, mit der ich scharmiren könnte? Ihre Runzeln sollen mir zu Wellenlinien der Schönheit werden; ihre herausstehenden schwarzen Zähne, zu marmornen Säulen an Dianens Tempel; ihre herabhangende lederne Zizzen, Helenens Busen übertreffen. Einen so aufzutrocknen, wie mich! – Ha meine phantastische Göttin! – Wild, ich [185] kann dir sagen, ich habe mich brav gehalten, die Tour her. Hab Dinge gesehen, gefühlt die kein Mund geschmeckt, keine Nase gerochen, kein Aug' gesehen, kein Geist erschwungen –

Was sagen die Leser zu solch einer Sprache? Klinger und Konsorten nennen das Drang des Genies! Daß dich!

Das sind ja wahre Ungeheuer!!! –
Und die Scheusälichen sind Euer???

Buchhändlerzeitung auf das Jahr 1778. Erster Jahrgang. XII. Stück. Hamburg, den 19. März 1778. Hamburg: in der Heroldschen Buchhandlung. S. 183–185. [Nach dem Exemplar in der Hessischen Landes- und Hochschulbibliothek, Darmstadt.]

(Albrecht Wittenberg)[33]

»Buchhändler-Zeitung auf das Jahr 1778. Erster Jahrgang. Erstes Quartal. Hamburg, in der Heroldschen Buchhandlung.«

Die Einrichtung ist diese: Zuerst ein kleiner Aufsatz von dieser oder jener Materie [...]; alsdann eine Beurtheilung dieses oder jenes Buchs, und endlich kurze Anzeigen von neu herausgekommenen, oder bald bekannt zu machenden Büchern, Beförderungen,

33 Zu Albrecht Wittenberg (1728–1803) vgl. Richard Maria Werner, *Ludwig Philipp Hahn. Ein Beitrag zur Geschichte der Sturm- und Drangzeit*, Straßburg: Trübner, 1877 (*Quellen und Forschungen zur Sprach- und Culturgeschichte der germanischen Völker*, Bd. 22), S. 125–141.

Todesfälle u. s. w. Die Verfasser dieser Zeitung thun sehr wohl, daß sie es mit keiner Parthey halten; daß sie das Lesen der Alten anrathen; daß sie sich dem einzureissen drohenden barbarischen Geschmacke widersetzen; daß sie der faden Empfindsamkeit, oder vielmehr Empfindeley, den Krieg angekündigt haben. Wenn sie so, besonders, was die beyden letzten Punkte betrifft, fortfahren; so sollen sie von uns zu Deutschlands Wohlthätern und Patrioten gerechnet werden. Unsern besten Dank soll der Recensent der abscheulichen Misgeburt, *Sturm und Drang*, eines Schauspiels von Klinger, haben. Er ist uns zwar zuvorgekommen; aber es thut nichts, er hat einen Geschmacksverderber, – ein zu gelindes Wort für einen Mann, der ärger ist, als Furius, welcher,

hibernas cana niue conspuit Alpes;[34]

gezüchtiget, aber fast zu gelinde gezüchtiget.

Beytrag zum Reichs-Postreuter. Hamburg, Jahrgang 1778. Stück 26. Donnerstag, 2. April 1778. [o. S.] [Nach dem Exemplar der Bibliothek der Hansestadt Lübeck.]

Sturm und Drang. Ein Schauspiel von Klinger. 7¼ Bog. kl. 8vo.

Werther. Ein bürgerliches Trauerspiel in Prosa und in drei Akten. Frankfurt und Leipzig 1778 10½ Bog. kl. 8vo.
Der Urthelsvertrag. Ein Lustspiel in fünf Aufzügen. Leipzig bei Heinsius. 1777. 11 Bog. kl. 8vo.
[127] *Der Betrug aus Liebe. Eine Operette in drei Aufzügen. Leipzig bei Böhme 1778. 7 Bog. kl. 8vo.*
Die Zigeuner. Ein Lustspiel mit Gesang, in fünf Aufzügen von H Ferd. Möller. Leipzig bei Böhme. 9 Bog. kl. 8vo.[35]

34 Horaz, *Satiren* 2,5,41. – Furius bespuckt die winterlichen Alpen mit eisgrauem Schnee. –
35 Abgedruckt ist aus dieser Sammelbesprechung (S. 126–134) nur der auf Klingers Stück bezogene Teil. Dass der Rezensent *Sturm und Drang*

Bei allen Nationen in der Welt ist ein sehr gutes theatralisches Stük etwas sehr seltnes. Daß doch aber bei uns ein mittelmäßiges, ein im Lesen, und vollends in der Vorstellung erträgliches, so gar selten ist! Woran mag das wol liegen? Von den fünfen die wir hier dem Leser ankündigen, gehört kein einziges in diese Klasse.

Das erste zeigt wol einige Spuren von Genie in einzelnen Stellen des Dialogs; aber wie kan ein Stük bei einem solchen Plane erträglich genant werden? Ein Lord Berkeley hat durch einen gewissen Bushy seinen Sohn verlohren. Wo aber, wie, wann und warum? das erfährt kein Mensch. Der Sohn kömt als Schifkapitän wieder, und wird von seinem Vater erkant. Wie er aber gerettet, wie er Schifkapitän geworden ist; wie er nun dahin kömt wo er seinen Vater antrift, ohne zu wissen, daß dieser da sei; das erfährt man wieder nicht. Ein junger Mensch, der sich Wild nent, der aber der Sohn jenes Bushy ist, kömt mit zwenen Freunden (zween wahren Stoknarren) die sich einbilden, er führt sie nach London, in Amerika, wo der Schauplaz ist, an: Wie aber und warum er dahin kömt; wie und wo er vorhero Berkleys Tochter, in die er und [128] sie in ihn verliebt ist, gesehn hat, und dabei gar nicht weis daß ihr Vater und sie hier sind; das wird im ganzen Stücke nicht gesagt. Es wird eine Bataille geliefert; Lord Berkeley, sein Sohn der Seekapitän, und Wild gehen hinein, und kommen wieder. Gegen wen aber und von wem, wo, wie und warum diese Schlacht geliefert wird, davon bekömt man nichts zu wissen. Unterdessen daß dies Treffen gehalten wird, gehen Wilds beide Freunde, mit Berkeleys Schwester und Nichte, die sie an dem Tag allererst haben kennen lernen, spatzieren, als wenn gar nichts vorgienge. Endlich findet sichs, daß der alte Bushy, den der Seekapitän meinte in dem stürmischen Meere auf einem Boote ausgesezt, und untergehn gesehn zu haben, gerettet ist. Wann, wo, warum und auf was Art, er gerade das Schif dieses Seekapitäns bestiegen hat, der doch sein Feind ist; das

als erstes dieser Stücke behandelt, verweist bereits auf seine Vorzugsstellung; die Kritik der übrigen Stücke ist noch weitaus harscher.

hält der Verf. wieder für unnöthig irgendwo wissen zu lassen. Dieser gerettete alte Bushy sagt endlich, er sei nicht Schuld an alle dem, wiederum ganz unbekanten Unheil, das ihm Berkley vorwirft, und weswegen dieser ihn so entsezlich hast, sondern ein andrer habe es gethan; wer aber der andre gewesen, und wie das geschehn ist, und hat geschehn können, das alles findet der Dichter nicht für gut zu enträzeln. Freilich der Leser, der an dem ganzen Stücke nicht viel Antheil nimt, wird sich das wohl gefallen lassen; wie sich aber der beleidigte und so gewaltig hassende Berkley mit einer solchen beweislosen Behauptung abspeisen last, das können wir nicht einsehn. Hieraus ersieht man, wie der Plan bearbeitet ist. Es war einmal ein Lord Berkley königlicher Stathalter in Virginien.[36] Ob der [129] ähnliche Begebenheiten gehabt hat, können wir nicht finden; unsre Geschichte der Kolonie sagt nichts davon. Gesezt aber, es stünde in irgend einem Buche, das von Virginien handelt, so kan man doch nicht die Kentnisse davon bei allen Lesern voraus setzen. Agamemnons, Achils, der Pelopiden Geschichten sind ganz anders bekant als diese, wenn aber ein Dichter von ihnen ein Schauspiel macht, so mus er doch dem Zuschauer den Zusammenhang desselben vorlegen. Freilich so zu arbeiten, wie hier Hr. Klinger thut, das ist bequem; man bringt was man für Situationen wil hervor, und braucht nicht über die Verkettung der Begebenheiten nachzudenken. Diese Bequemlichkeit aber, ein Charakter der meisten die sich unter uns auf Dichtkunst legen, macht gemeiniglich, daß sie so mittelmäßige Sachen gebähren. Die unsinnigen Freunde Wilds, die hier so wenig zu thun haben, als Lady Kathrine und Louise, sind unter aller Kritik. Die unschiklichen platten oft ekelhaften Ausdrücke als S. 4 die Stelle von *stinkenden Mistlacken*; u. s. w. S. 75 *gieb mir eine Patsche*; S. 21 *ich bohrte ihm Esel* u. a. dergl. sind so abgeschmakt an sich, als unanständig gegen

36 Eine abwegige Vermutung; der Name ist einem Shakespeare-Drama willkürlich entlehnt. – Zu dem Berkeley, der im 17. Jahrhundert Gouverneur von Virginia war, vgl. *Dictionary of American Biography*, hrsg. von Allen Johnson, Bd. 2, London 1929, S. 217 f.

das Publikum, für welches man schreibt. Leztern Ausdruk verstehn wir nicht einmal.

Auserlesene Bibliothek der neuesten deutschen Litteratur. 14. Band. Lemgo: Meyersche Buchhandlung, 1778. S. 126–129. [No. XXIII.] [Nach dem Exemplar der Hessischen Landes- und Hochschulbibliothek, Darmstadt.]

Sturm und Drang, ein Schauspiel von Klinger, 1776. 7½ Bog. in 8. 5 gr.
Der Verfasser dieses Schauspiels ist bereits als Theaterdichter, und aus mehrern Stücken hinlänglich bekannt. Auch das gegenwärtige hat seine guten Scenen, ob wir gleich im Ganzen genommen nicht vollkommen damit zufrieden sind. Denen aber, die sich in dem Gefühl der Liebe groß dünken, wird es desto mehr behagen.

Allgemeines Verzeichniß neuer Bücher mit kurzen Anmerkungen. Nebst einem gelehrten Anzeiger. Auf das Jahr 1778. Dritter Jahrgang. V. Stück. May. Leipzig: bey Siegfried Lebrecht Crusius, 1778. S. 373. [No.] 706. [Nach dem Exemplar des Britischen Museums, London.]

Christoph Martin Wieland

Indessen war doch die Tragödie das eigentliche Fach des Hyperbolus. Er hatte deren hundert und zwanzig (vermuthlich auch groß und klein in einander gerechnet) verfertiget; ein Umstand, der ihm bey einem Volke, das in allen Dingen nur auf Anzahl und körperlichen [48] Umfang sah, allein schon einen außerordentlichen Vorzug geben mußte; denn von allen seinen Nebenbulern hatte es keiner auch nur auf das Drittel dieser Zahl bringen können. Ungeachtet ihn die Abderiten, wegen des Bombasts seiner Schreibart, ihren Aeschylus zu nennen pflegten, so wußte er sich selbst doch nicht wenig mit seiner Originalität. Man weise mir, sprach er, einen Charakter, einen Gedanken, ein Sentiment, einen Ausdruck, in allen meinen Werken, den ich aus einem andern genommen hätte! – oder aus der Natur, sezte Demokritus hinzu – »O! (rief Hyperbolus) was das betrift, das kan ich ihnen zugeben, ohne daß ich viel dabey verliehre. Natur! Natur![37] die gemeine Natur – und die meynen sie doch – gehört in die Komödie, ins Possenspiel, in die Thlapsödie,[38] wenn sie wollen: Aber die Tragödie[39] muß über die Natur gehen oder ich gäbe nicht eine hohle Nuß darum.« Von den seinigen galt dies im vollesten Maas. So wie seine Personen hatte nie kein Mensch ausgesehen, nie kein Mensch gefühlt, gedacht, gesprochen noch gehandelt. Aber eben das wollten die Abderiten – und daher kam es auch, daß sie unter allen auswärtigen Dichtern am wenigsten aus dem Sophokles machten. »Wenn ich aufrichtig sagen soll wie ich denke«, sagte einst Hyperbolus in einer vornehmen Gesellschaft wo über diese Materie auf gut Abderitisch raisonnirt wurde – »ich habe nie begreiffen können was an dem Oedipus oder an der Elektra des Sophokles, insonder[49]heit was an seinem Philoktet außerordentliches seyn soll? Für einen Nachfolger eines so erhabnen Dichters wie Aeschylus fällt er wahrlich gewaltig! Nun ja, attische Urbanität, die streit' ich ihm nicht ab! Urbanität so viel Sie wollen! Aber der Feuerstrom, die wetterleuchtenden Gedanken, die Donnerschläge, der hinreissende Wirbelwind – kurz, die Riesenstärke, der

37 In der Buchausgabe ist hier anschließend eingeschoben: »Die Herren klappern immer mit ihrer Natur und wissen am Ende nicht, was sie wollen.«

38 »[…] als ein junger Dichter, Namens Thlaps, auf den Einfall kam, Stücke aufs Theater zu bringen, die weder Komödie noch Tragödie noch Posse, sondern eine Art von lebendigen Abderitischen Familiengemählden wären; wo weder Helden noch Narren, sondern gute ehrliche hausgebackne Abderiten auftreten ihren täglichen Stadt- Markt- Haus- und Familien-Geschäften nachgehen und vor einem löblichen Spectatorio gerade so handeln und sprechen sollten, als ob sie auf der Bühne zu Hause und sonst keine Leute in der Welt wären als sie« (*Der Teutsche Merkur*, Juli 1778, S. 52).

39 Verbessert aus »Tragöde«.

Adlersflug, der Löwengrimm, der Sturm und Drang, der den wahren tragischen Dichter macht, wo ist der?« – Das nenn' ich wie ein Meister von der Sache sprechen, sagte einer von der Gesellschaft – O über solche Dinge verlassen sie sich auf das Urtheil des Hyperbolus (rief ein andrer) wenn Er das nicht verstehen sollte! – Er hat 120 Tragödien gemacht, flüsterte eine Abderitin einem Fremden ins Ohr; 's ist der erste Theaterdichter von Abdera!

Die Abderiten. 16. In: Der Teutsche Merkur. Juli 1778. S. 47–49. [Die Buchausgabe, erstmals 1781 erschienen, enthält den Abschnitt in Buch 3, Kapitel 3, und weist einen leicht veränderten Wortlaut auf; vgl. hier Anm. 37. – Nach dem Exemplar der Beit Library, Cambridge.]

(Christian Heinrich Schmid)

Sturm und Drang von Klinger, Berlin, bey Decker, 1777. 8.
Wen der Titel noch nicht erschreckt hat, dem wird bald so viel wildes Geräusch, um mich mit einer Person dieses Stücks auszudrücken, entgegengebrüllt, daß die Sinnen herumfahren, wie Dachfahnen beym Sturm, und daß er, wenn er wieder zu sich selbst kömmt, bedauert, daß die Geniefunken nur sprühen, und nicht in eine helle Flamme aufschlagen.[40]

Almanach der deutschen Musen auf das Jahr 1779. Leipzig: in der Weygandschen Buchhandlung. S. 83. [Nach dem Exemplar der National- und Universitätsbibliothek, Straßburg.]

40 Die Formulierung greift Wilds Worte zu Beginn des Dramas (I,1) auf.

(Johann Joachim Eschenburg)

Sturm und Drang. Ein Schauspiel von Klinger. 1776. 8.

Das beste Schauspiel von diesem Verfasser; und da es sein neuestes ist, so steht zu hoffen, daß sich seine zu wilde, überspannte Phantasie, noch etwas mehr abkühlen, und sich zu gemäßigtern Scenen, zum menschlichern Ton des Inhalts und Dialogs herabstimmen werde. Dieß wird die Wirkung seiner Schauspiele, und ihre Fähigkeit zur Vorstellung unstreitig befördern; denn eine zu weit getriebene, zu sehr auflodernde Hitze der Einbildungskraft ist der wahren dramatischen Kunst eben so sehr im Wege, als Frost und Dürftigkeit der Ausarbeitung es nur immer seyn können. Freylich fehlt es auch diesem Schauspiele nicht an wilden Auswüchsen; wir rechnen vornehmlich dahin die episodischen Scenen und Charaktere des *La Feu*, und *Blasius*: besonders war der erstere in einem Stücke, das schon ohnehin so viel leidenschaftlichen *Sturm und Drang* hatte, entbehrlich. Aber die meisten Scenen, Charaktere, und Reden der Hauptpersonen sind besser, als man sonst an diesem Verf. gewohnt ist; vornehmlich die Scenen der Erkennung und des Kampfes zwischen Pflicht und Neigung. In diesen sind die Situationen meistentheils glücklich angelegt, und auf eine geschickte[41] Art benutzt und gut ausgeführt. Die künftigen Schauspiele dieses Verf. werden unstreitig immer vollkommner werden, je weniger er sichs darin erlauben wird, über die Gränzen der Wahrheit und Natur hinauszugehen.

Anhang zu dem fünf und zwanzigsten bis sechs und dreyßigsten Bande der allgemeinen deutschen Bibliothek. Zweyte Abtheilung. [Berlin/Stettin: Friedrich Nicolai, 1780.] S. 760. [Nach dem Exemplar der Universitätsbibliothek, Cambridge.]

41 In der Vorlage »geschichte«.

(J. Chr. Fr. Schulz)

Einer unsrer Kraftmänner, die die Natur darstellen wie sie ist; keine Regeln kennen, als die eine unbändige Phantasie ihnen eingibt; Leute in aller Welt Augen aufs grausamste morden, kastriren, Nasen und Ohren abschneiden lassen; von A*** lekken und Kindermachen laut sprechen; züchtigen, ehrsamen Frauen und Mädchen im Antlitz Scenen der Nothzucht u. s. w. aufstellen – alles pure klare Natur! Das mußte Beyfall finden, mußte gerühmt und beklatscht werden! Aber Dank unserm guten Genius, daß es ein Ende hat. Die Herren sammt ihren Geniestreichen und ungeheuren riesenhaften Sprüngen und Würfen sind beynahe vergessen. – – Als *Berlichingen* und *Werther* u. s. w. noch neu waren, nahm jeder junge Mensch, der Geniedrang fühlte oder vielmehr zu fühlen glaubte, sich vor Andern was heraus, sezte den Hut auf ein Ohr, zog den Rock aus, schmis alle die ihm zu nahe kamen mit Koth, gesellte sich zu den Gassenlümmeln, schupte jeden der ihm nicht auswich, machte krumme Sprünge und rief Eines Rufens: »Seht Leute das kann ich! Wers nicht nachmacht oder sich drüber mokirt ist ein Heuochse!« Schade wars da um manchen guten Kopf, daß er seine Gaben nicht besser anwandte! Klingern kann man guten ofnen Kopf, blühende Phantasie, Sprachgewalt und Kenntniß des menschlichen Herzens nicht absprechen, hätt' er alles nur besser bezähmt, mehr auf einen gewissen Punct gelenkt, sich nicht so viel drauf eingebildet; so hätt' er in seinem Fach was rechtes leisten können, aber das leidige Geniefieber, es ist schlimmer als das dreitägige! Wenns einen ergriff, so bekam er Hitze und Frost und dann gab's: *Ottos, leidende Weiber, Sturm und Drang* und Gott weiß was all noch mehr. Wir wünschen Klingern recht baldige gänzliche Genesung, seine *Brüder*[42], sein *Derwisch* zeigen solchen Grad von convulsivischer Ekstase schon nicht mehr als die oben genannten. Als er den *Otto* und *das leidende Weib* schrieb, war er noch Student in Gießen. Im lezten Feldzug war er in kaiserlichen Diensten, als der sobald sein Ende erreichte, ging er nach

42 Klingers Schauspiel *Die Zwillinge*.

Basel, wo er *Orpheus*, eine tragikomische Geschichte, *Prinz Formosos Fiedelbogen* und *Plimplamplasko* schrieb. Das Lezte zeigt, daß er sich bekehrt hat. Jezt ist er Lieutenant bey der russischen Marine.

Klinger. Erschienen in dem Almanach der Belletristen für das Jahr 1782. Ülietea bey Peter Jobst Edlen von Omai [d. i.: Berlin bei Himburg]. – Zit. nach: Max Rieger: Klinger in der Reife. Darmstadt: Arnold Bergsträsser, 1896. S. 175 f.

Friedrich Maximilian Klinger

Was sich in dieser Sammlung befindet, erkenn' ich an. Aus Ursachen finden auch hier einige Stücke Platz, welchen ihnen gewisse Regeln und meine gegenwärtige Denkungsart mit Recht versagen möchten. Was aber dabey zu erinnern ist, will ich an Ort und Stelle selbst thun. Freylich sind es individuelle Gemählde einer jugendlichen Phantasie, eines nach Thätigkeit und Bestimmung strebenden Geistes, die in das Reich der Träume gehören, mit dem sie so nah verwandt zu seyn scheinen. Wer aber gar kein Licht in diesen Explosionen des jugendlichen Geists und Unmuths sieht, ist [A 2^{v}] nie in dem Fall gewesen, etwas davon in sich selbst zu fühlen. Ich kann heute so gut darüber lachen, als einer; aber so viel ist wahr, daß jeder junger Mann die Welt, mehr oder weniger, als Dichter und Träumer ansieht. Man sieht alles höher, edler, vollkommner; freylich verwirrter, wilder und übertriebener. Die Welt und ihre Bewohner kleiden sich in die Farbe unsrer Phantasie und guten Glaubens, und eben darum ist dies der glücklichste Zeitpunct unsers Lebens, nach welchem wir zu Zeiten, bey aller sauer erworbenen Klugheit, mit Verlangen zurückblicken. Vielleicht wäre diese poetische Existenz die glücklichste auf Erden, wenn sie dauern könnte. Besser ist's, man kocht dies alles im Stillen aus; denn all diese Träu[A 3]mereyen sind Contrebande in der Gesellschaft, wie ihre Urheber selbst.

Erfahrung, Uebung, Umgang, Kampf und Anstoßen, heilen uns von diesen überspannten Idealen und Gesinnungen, wovon wir in der würklichen Welt so wenig wahrnehmen, und führen uns auf den Punct, wo wir im bürgerlichen Leben stehen sollen*. Eben diese lehren den Dichter und Künstler, daß Einfachheit, Ordnung und Wahrheit, die Zauberruthen seyen, womit man das [A 3v] Herz der Menschen schlagen müsse, wenn es eintönen soll. Man kann dies glauben, ohne dahin gelangt zu seyn.

Möchte man indessen nicht sagen, daß der Dichter sehr oft den Maasstab zu sich selbst, in manchen von ihm aufgestellten Charakteren giebt; und je weniger dieser zu merken, je wahrer und allgemeiner sey die Welt, die er anschaulich macht. Doch wer den Geist nicht in sich fühlt, der die Römer zu Thaten führte, die wir nur bewundern können, wird uns, wie Korneille, wohlgesezte Reden nach den römischen Schriftstellern vordeclamiren; aber uns nie den Mann in seinem Fleisch und Bein, Nerven und Geist vorzaubern, wie Shakspear in seinem Koriolan, Brutus und Kassius thut.

[A 4] Die Klagen sind unendlich, die man über die wilden Producte führt, die zu Zeiten in der deutschen Welt, und besonders fürs Theater erscheinen. Ich weiß nicht, in wie weit es bey diesen Herrn charakteristisch ist, wie wahr und tief es ihnen liegt, und darauf käme es doch bey der Beurtheilung hauptsächlich an. So viel ist indessen gewiß, daß wir Deutsche durch diese Verzerrung gehen müssen, bis wir sagen mögen, so und nicht anders behagts dem deutschen Sinn. Nichts reift ohne Gährung. Gewiß sind die kalten, beschränkten Regeln des französischen Theaters mit seiner Declamation, dem thätigern, rauhern und stärkern Geist der

* In so fern nemlich, daß wir sie nicht mehr um uns herum suchen, noch fordern; denn zu ihrem eignen Besten giebts so glücklich organisirte Geister, die trotz aller Erfahrung eine gewisse idealische Erhebung, wenn sie sich so nennen läßt, beybehalten, die ihre Besitzer durchs Leben durch gegen den Druck des Schicksals stählt, und sie in Umständen über das gewöhnliche erhebt. Dies ist freylich eine Art von Poesie, die weder Aristoteles noch Batteux definirt haben. [Anm. Klingers.]

Deutschen nicht genug; aber eben so gewiß ist er nicht muthwillig, launig [A 4v] und besonder genug, um's allgemein mit dem englischen Humor und seinen Sprüngen zu halten. Also wäre das wilde Thun bisher doch nichts anders, als eine Form zu suchen, die uns behage! Machten wir eine Nation aus, so hätten wir dieselbe gewiß vorgefunden, denn es läßt sich wol mit Gewißheit sagen, daß in diesem Fall, die Wissenschaften bey uns, mit unsern Nachbarn gleich fort gegangen wären. Warum soll unser Theater auf französische Form gemodelt seyn, da wir Deutsche sind, und der Galanteriekram, wovon Racinens Helden strotzen, unserm Character so fremde ist? Warum auf englische, da wir so fern von der sprudelnden Laune dieser Insulaner sind? Ein Charakter voll Gradheit, Bie[A 5]derkeit, Muth, Beharrlichkeit, Starrsinn, greift ins Herz des deutschen Volks, da es nicht weiß, wohin es die galanten Griechen und Römer der Franzosen, und die übertriebenen Carricaturen des neuern englischen Theaters setzen soll. Genug, die einfachste Form ist gewiß die beste; aber mich deucht, der Deutsche mögte mehr Leben, Handlung und That sehen, als schallende Declamation hören. Ein solches Stück ist nun freylich schwerer zu schreiben, als zehen wilde Phantasien, wo der unerfahrne Autor alles aus sich selbst nimmt, und dies vermehrt ihre Menge. Mir war es wenigstens bequemer, den phantastischen Grisaldo zu dramatisiren, als das Schicksal Konradins.

[A 5v] Doch ich will mit dem allen weiter nichts sagen, als daß ich diese Sammlung selbst veranstaltet habe; denn mir ists bey allen Schreibereyen um nichts anders zu thun, als in einer vorgestellten Welt zu leben, wenn ich's nicht thätig in der würklichen kann, und meine Bestimmung ließ mir bisher viele Stunden übrig, die ich froh war so wegträumen zu können. St. Petersburg im Jan. 1785.

K.
in R. K. K. D

F. M. Klinger's Theater. Riga: Johann Friedrich Hartknoch, 1786–87. Bd. 1 (1786). Vorrede. Blatt A 2–A 5v. [Nach dem Exemplar im Britischen Museum, London.]

F. M. Klinger's Theater, Erster Theil. Riga, bey Hartknoch, 1786. 350 Seiten, 8vo.
– – Zweyter Theil, ebend. 372 S. 8vo.
Sehr rühmlich für den Verfasser, und überaus lehrreich für angehende Dichter sind die Geständnisse, welche er in der Vorrede in Ansehung seiner ältern, ehedem einzeln von uns beurtheilten Stücke[43] ablegt. Er erklärt sie für individuelle Gemälde einer jugendlichen Phantasie, eines nach Thätigkeit und Bestimmung strebenden Geistes, die in das Reich der Träume gehören, mit dem sie so nahe verwandt zu seyn scheinen. Er sieht jetzt ein, daß man doch besser thue, dies alles im Stillen auszukochen, und daß alle diese Träumereien Kontrebande in der Gesellschaft, wie ihre Urheber selbst sind. »Erfahrung, fährt er fort, Uebung, Umgang, Kampf und Anstoßen, heilen uns von diesen überspannten Idealen und Gesinnungen, wovon wir in der wirklichen Welt so wenig wahrnehmen, und führen uns auf einen Punkt, wo wir im bürgerlichen Leben stehen sollen. Eben diese lehren den Dichter, daß Einfachheit, Ordnung und Wahrheit die Zauberruthen seyn, womit man an das Herz der Menschen schlagen müsse, wenn es eintönen soll.« – Indeß meynt der Verf. doch, daß die auf der deutschen Bühne in neuern Zeiten entstandenen wilden Produkte, unter denen seine ehemalige Stücke mit die ersten waren, zu den nothwendigen Uebeln gehören. Wir Deutschen, meynt er, müssen erst durch diese Verzerrung gehen, bis wir sagen mögen: so und nicht anders behagts dem Deutschen Sinn. Das wilde Thun bisher scheint ihm nichts anders zu seyn, als eine Form zu suchen, die uns behage; und die darum nicht gleich vorgefunden sey, weil wir keine Nation ausmachen. Die einfachste Form sey gewiß die beste; aber ihm dünkt, der Deutsche möchte gern mehr Leben,

43 Durch die Hinweise auf die früheren Einzelbesprechungen scheint Eschenburg auch der Verfasser dieser Anzeige zu sein. Vgl. seine Rezension der Erstausgabe von *Sturm und Drang*, hier S. 145. – Unter derselben Sigle »Bk.« erschien die Anzeige des dritten und vierten Teils der Ausgabe von Klingers *Theater* in der *Allgemeinen deutschen Bibliothek*, Anhang zum 53. bis 86. Band, Theil 5 (1791), S. 2524 f.

Handlung und That sehen, als schallende Deklamation hören. Und ein solches Stück ist nun allerdings schwerer zu schreiben, als zehn wilde Phantasien, wo der unerfahrne Autor alles aus sich selbst nimmt. – Uebrigens enthält jeder dieser beyden Theile drey Stücke: [...] [148] Im zweyten Theile steht: [...] 3. *Sturm und Drang*, ein Schauspiel in fünf Aufzügen, noch aus eben der jüngern Epoche des V. und gleichfalls schon ehedem gedruckt und von uns angezeigt.

Bk.

Allgemeine deutsche Bibliothek. Band 74. Erste Hälfte. Berlin und Stettin: verlegts Friedrich Nicolai, 1787. S. 147 f. [Nach dem Exemplar der Universitätsbibliothek, Cambridge.]

(Huber)

St. Petersburg, b. Tornow u. Comp. u. Leipzig in Comm. b. Jacobäer: *F. M. Klingers neues Theater. Erster Theil:* Aristodymos. Roderico. Fragment. 276 S. *Zweyter Theil:* Damocles – Die zwo Freundinnen. 286 S. 1790. 8.

[331] Der Vf. dieser Schauspiele hat schon in verschiedenen Epoken unserer Literatur einen beträchtlichen Platz behauptet; und wenn ihm die Kritik auch manche Jugendsünden vorzuwerfen hat, so musste doch jedes unverwöhnte Gefühl selbst in seinen frühesten und tadelhaftesten Werken, ein nicht erkünsteltes Feuer, eine seltne Gabe der Empfindung, und eine selbst in ihren Verirrungen schätzbare Kraft des Gedankens und des Ausdrucks jederzeit anerkennen. Die vor uns liegenden dramatischen Gedichte fodern uns daher auf, nicht allein ihren Werth als für sich bestehende Kunstwerke zu bestimmen, sondern zugleich die Fortschritte und den ganzen Gang des Dichters, bis zu der Erzeugung dieser reifen Früchte seines Genies zu verfolgen: um so mehr, da er jetzt vollkommen auf der Stufe zu stehen scheint,

auf welcher aus dem Talent *mehr wohl schwerlich wird, als schon ist, und eher noch was weniger.* Seit seiner ersten Erscheinung als dramatischer Dichter, hat er zwischen sehr verschiedenen Manieren geschwankt; aber sey es Mangel an der Cultur des Geistes, die unter Mustern und Vorbildern wählt und aussucht, und selbst in der Nachahmung, durch ein reines geübtes Gefühl, das die feine Schönheitslinie nicht verfehlt, die eigenen Schöpfungen einer unerzogenen Phantasie weit hinter sich zurücklässt; oder sey es Mangel an der inneren Ruhe, an einer gewissen Impossibilität, die ächten Kunstwerke das Siegel der Vollendung und der Ewigkeit aufdrückt: keine von den Formen, die er wählte, blieb innerhalb jener unabänderlichen Gesetze der Kunst, die der Künstler in der Natur erkennt. *Otto* und *das leidende Weib*, die bey dem wenigsten Gehalt die meiste Rohheit und muthwillige Nachahmung übelgefasster und unwürdiger Muster hatten, sind von ihm selbst in der neuen Auflage seiner ältern Stücke verworfen worden. Eine höher gespannte und freyere Phantasie brachte *die neue Arria, Simsone Grisaldo, Sturm und Drang, Stilpo und seine Kinder*, u. s. w. hervor, die bey so vielen einzelnen Zügen der köstlichsten, wahrsten Empfindung, und der lebhaftesten Auffassung des Grossen und Starken, das Herz des Lesers kalt lassen, wie ein Fiebertraum; die Erhitzung des Kopfs tödtet, so zu sagen, in diesen Werken die Wärme des Gefühls. In den *Zwillingen* band er sich mehr an die theatralische Form; aber Einheit und Gehalt des Gedankens in den Charakteren und der Situation reicht allein noch nicht zu, einem dramatischen Kunstwerk Wirkung und Eindruck zu verschaffen; weise Oekonomie und Rücksicht auf die Gradationen, welche die Seele fodert, um sich dem aufgestellten, in successiven Theilen bestehenden Gemälde hinzugeben, fehlten in den *Zwillingen*, und es ist nicht abzusehen, warum der mit dem bleichen *Grimaldi* zusammengestellte *Guelfo* den Brudermord nicht eben so gut im ersten Act vollbringt, als in dem vierten. In einem andern Fache, als dem dramatischen, unterwirft sich der *Orpheus* dieses Dichters einer bestimmten Kritik weniger, als seine dramatischen Gedichte, weil in jenem Fache die Gesetze der Wirkung willkührlicher sind. *Elfriede, Medea,* und der *Günstling,* näherten sich zuerst der Manier, in welcher die gegenwärtigen [332] Stücke geschrieben sind, und deren Wesen wir hier vorzüglich zu beleuchten haben. Eine gewisse Resignation, die aus dem eignen Bewusstseyn des Dichters, die nie wiederkehrende Blütenzeit seines Genies in Unnatur verprasst zu haben, entspringen mag, scheint ihn zu Erwählung dieser neuen Manier bestimmt, und den Entschluß in ihm hervorgebracht zu haben, mit seinem kälteren Alter besser hauszuhalten.

Allgemeine Literatur-Zeitung vom Jahre 1791. Numero 42. Mittwochs, den 9. Februar 1791. Jena u. Leipzig 1791. Bd. 1. Sp. 330–336. [Nach dem Exemplar im Britischen Museum, London.]

Johann Joachim Eschenburg

Friedrich Maximilian Klinger, geb. zu Frankfurt am Main, 1753, ehedem Theaterdichter der Seylerischen Gesellschaft, und seit 1780 Offizier in kaiserl. russischen Diensten zu Petersburg, machte sich zuerst vor beinahe zwanzig Jahren, durch verschiedene Schauspiele bekannt, die ziemlich wild, regellos und eccentrisch waren, aber stellenweise viel Originalkraft verriethen. Allmählich aber lenkte er in die Bahn der Natur und des bessern Geschmacks zurück, und erklärte jene Versuche nun selbst für unvollkommene Gemählde und idealische Träume einer jugendlichen Phantasie. Erfahrung, Uebung, Umgang, Kampf und Anstoßen – sagt er [364] selbst – heilen uns von diesen überspannten Idealen und von Gesinnungen, wovon wir in der wirklichen Welt so wenig wahrnehmen, und führen uns auf den Punkt, wo wir im bürgerlichen Leben stehen sollen. Eben diese, setzt er hinzu, lehren den Dichter, daß Einfachheit, Ordnung und Wahrheit die Zauberruthen sind, womit man an das Herz der Menschen schlagen muß, wenn es ertönen soll. Sein aus vier Bänden bestehendes *Theater* enthält folgende Lustspiele: *Die falschen Spieler – der Schwur – der Der-*

wisch. Und in den zwei bisherigen Theilen seines Neuen Theaters: *Die zwei Freundinnen.*[44]

Beispielsammlung zur Theorie und Literatur der schönen Wissenschaften. Siebenter Band. Dramatische Dichtungsarten. Berlin und Stettin: bei Friedrich Nicolai, 1793. S. 363 f. [Nach dem Exemplar im Britischen Museum, London.]

Friedrich Maximilian Klinger

Da es manchem unangenehm seyn kann, die Jugend-Stücke des Verfassers, mit seinen reifern kaufen zu müssen, so entschloß man sich, folgende neun Stücke besonders abdrucken zu lassen. Nur ein [IV] einziges der frühern befindet sich in dieser Sammlung: *Die Zwillinge*, doch völlig umgearbeitet. Wer sich die Mühe geben will, diese Ausgabe mit den Vorigen zu vergleichen, wird merkliche Zusätze und Veränderungen in den meisten finden; Sprach-Nachläßigkeiten hat man überall zu verbessern gesucht.

Gerne würde der Verfasser, über alle seine dramatische Bemühungen, etwas gesagt haben; vielleicht selbst zum Nutzen der Kunst und der Menschenkenntniß; aber er fühlt, daß sich niemand mehr der Gefahr, mißverstanden zu werden, aussetzt, als [V] der Schriftsteller, der von seinen Werken, folglich von sich spricht. [...] [VI] Kommen [VII] diese Stücke zur Nachwelt, so wird man ihnen ohne Partheylichkeit ihren Platz anweisen. Hier ist eine chronologische Liste der Schauspiele des Verfassers, die überflüßig wäre, wenn er nicht bemerkt hätte, daß man ihm einige fremde zugeschrieben. Die mit einem Sterne bezeichneten befinden sich in dieser Sammlung. 1) **Die Zwillinge*, 1774. 2) *Die neue Arria*, 75. 3) *Simsone Grisal-*

44 Klingers Kritik an Eschenburg bezog sich später darauf, dass seine Werke nur an dieser Stelle der *Beispielsammlung* genannt werden und in dem Abschnitt der deutschen Trauerspieldichter nicht einmal sein Name erwähnt wird.

do, 75. 4) *Sturm und Drang*, 75.[45] 5) *Stilpo*, 77. 6) *Der Derwisch*, 79. 7) **Die falschen Spieler*, 80. 8) **Elfriede*, 82. 9) *Der Schwur*, 83. 10) **Konradin*, 84. 11) **Der Günstling*, 85. 12) **Medea in Korinth*, 86. zusammen in 4 Bänden, Riga. 13) **Aristodymos*, 1786. [VIII] 14) *Rodenko*, 86. 15) **Damocles*. 16) *Die zwo Freundinnen*, 88. 17) **Medea auf dem Kaukasos*, 90. in zwey Bänden, Leipzig. 18) *Oriantes*, 89. Leipzig. 19) *Prinz Seidenwurm*, 78. Basel.

Alle hier befindliche Stücke, (*Konradin* ausgenommen) haben wesentliche Veränderungen erhalten.

Auswahl aus Friedrich Maximilian Klingers dramatischen Werken.[46] Erster [und Zweiter] Theil. Leipzig: bey Friedrich Gotthold Jacobäer, 1794. Bd. 1. S. III–VIII. [Nach dem Exemplar im Britischen Museum, London.]

Auswahl aus Friedrich Maximilian Klingers dramatischen Werken. Erster Theil. Leipzig, bey Jacobäer. 1794. 452 Seiten. *Zweyter Theil.* 356 Seit. 8. 2 Rth. 8 gl.

Aus neunzehn Stücken, von denen manche nur einzeln gedruckt, mehrere bereits in etlichen veranstalteten Sammlungen vereinigt waren, hat Hr. Klinger neun ausgehoben, und selbige, theils von neuem überarbeitet, theils in Absicht auf Sprache und Ausdruck verbessert, und dem Publikum in dieser veränderten Gestalt nochmals zu übergeben für werth geachtet. Wir wollen zuerst die Stücke nennen, welche die Freunde seiner Muse in beyden Bänden finden. Im ersten stehen die Zwillinge, die falschen Spieler, Elfride,

45 Klingers Titelliste enthält mehrere fehlerhafte Angaben zu der jeweiligen Entstehungszeit, so auch für *Sturm und Drang*. Es ist unbekannt, ob diese Abweichungen von Klinger absichtlich eingefügt wurden oder sich durch Druckfehler eingeschlichen haben.

46 Nach einer Angabe auf S. IX der Vorrede entstand diese Auswahl von neun Stücken vor 1792 und befand sich zwei Jahre in den Händen des Verlegers.

Konradin[47] (das einzige ungeänderte) und der Günstling; im zweyten Medea in Korinth, Medea auf dem Kaukasus, Aristodynos und Damokles. Die Stücke des Vf. sind sämmtlich von andern Recensenten in dieser Bibliothek angezeigt worden, und so glauben wir uns bey dieser neuen und verbesserten Auflage um so mehr berechtigt, unser Urtheil über das Verdienst des Dichters, wenigstens im Allgemeinen, niederlegen zu dürfen, zumal da die bey seinem ersten Auftritte über ihn gefällten Aussprüche itzt schwerlich mehr in ihrer vollen Gültigkeit auf ihn anwendbar seyn möchten. Nachdenken über sich selbst und die Natur des Menschen, längere Bekanntschaft mit der Welt und den Leidenschaften, den großen Triebfedern aller Handlungen, tieferes Studium der Kunst und Kritik, und vor allen jene nur mit den Jahren eintretende vorurtheilsfreye Würdigung seiner eignen Vorzüge und Mängel, haben aller[268]dings aus Hrn. Klinger einen ganz andern Dichter gemacht, als er bey seiner ersten Erscheinung war, und zu werden versprach. Zwar erkannte man damals schon in ihm einen Mann von inniger starker Empfindung, nachdrücklicher kräftiger Sprache, lebhafter Theilnahme am Erhabenen, Edelen und Großen und reicher schaffender Phantasie. Allein diese großen und entschiedenen Vorzüge wurden durch eben so große und entschiedene Fehler und Flecken, wenn auch nicht überwogen, doch entstellt und verdunkelt. Das Feuer unsers Dichters artete nicht selten in eine wilde aufbrausende Flamme aus, die nichts weniger als wohlthätig leuchtete und erwärmte; seine Einbildungskraft übersprang sehr oft die Gränzen der Natur und der Wahrheit, und verlor sich ins Abentheuerliche und Träumerische; und seine Darstellung, weit gefehlt den gesunden Geschmack zu befriedigen, beleidigte vielmehr durch sattsamen Wortprunk, auffallende Affectation und gehäufte Metaphern. Ueberdies gab die Ungewißheit, mit welcher Hr. Klinger damals noch unter den Manieren mehrerer Dichter wählte, seinen dramatischen Werken einen zweydeutigen und unbestimmten Charakter, der ihnen nicht zu ihrem Vortheile gereichte. Bald bemerkte man mit Mißvergnügen die Nachahmung eines Musters

47 In der Vorlage »Koneaden«.

das gar nicht nachgeahmt zu werden verdiente; bald stieß man mitten unter großen Zügen, und wahren der Natur abgewonnenen Schilderungen, auf falsche Gedanken und sonderbare Verirrungen, auf die sein sich selbst überlassener Genius schwerlich gerathen seyn würde, bald vermißt man in seinen Werken den innern Einklang aller Theile, jene glückliche Verbindung und Anordnung, die sich fast immer nur dann findet, wenn das Ganze unmittelbar aus uns selber hervorgeht, und die Erfindung keinem als uns gehört. Aber wenn man einst, und, wie uns dünkt, mit allem Rechte so urtheilte, so wird man wenigstens jetzt nicht mehr, oder doch nicht ohne Ungerechtigkeit, so urtheilen können. Unser Dichter steht dermalen offenbar auf einer ungleich höhern Stufe der Vollkommenheit, als seine frühern Ausstellungen hoffen ließen. Schon die Auswahl, die er unter seinen Stücken getroffen hat, zeigt, daß sein Urtheil fester und sein Kunstgefühl sicherer ist. Mit lobenswerther Gleichgültigkeit hat er unter seinen dramatischen Versuchen alle diejenigen verworfen, welche die meisten Spuren von jugendlicher Geniesucht und ungeläutertem Geschmack an sich trugen, und von der Kritik bereits verurtheilt worden waren, und in den aufgenommenen [269] so viel und oft so wesentliche Veränderungen angebracht, daß wir nichts mehr bedauern, als durch Raum und den Zweck dieser Blätter uns auf die allgemeine Versichrung eingeschränkt zu sehen, daß unsre Leser sie itzt mit ungleich mehr Befriedigung als ehemals aus der Hand legen werden. Nicht nur die Sprache ist natürlicher, wahrer und reiner geworden, auch die Oekonomie der Stücke hat mehrmals gewonnen, und einzelne Scenen eine neue Gestalt erhalten. Ueberall merkt man itzt mehr Reife des Geistes, mehr Ruhe in dem Ideengange, und mehr von der Erfahrung geleitete Weisheit in der ganzen Behandlung. Aber, wie gesagt, eine ausführliche Vergleichung auch nur bey einem Stücke anzustellen, würde uns weit über die Gränzen führen, welche dieser für den Umfang der gesammten deutschen Litteratur bestimmten Zeitschrift gesetzt sind. Nur eins sey uns noch zu erinnern erlaubt. Auch nach allen anerkannten Verdiensten der Klingerschen Stücke können wir doch nicht umhin zu bedauren, daß durch sie unserm Theater so gar wenig genutzt ist. Alle sind mehr

Gemälde eines denkenden Geistes, auf denen ein anderer denkender Geist gern mit stiller Betrachtung verweilt, als Darstellungen, die ein gemischtes Publikum fassen und mit Vergnügen und Wohlgefallen sich zueignen könnte. Mehrere Sujets liegen ganz aus dem Gebiete unserer Empfindungen und Wahrnehmungen, und sind uns durch die Bearbeitung im geringsten nicht näher gebracht worden; in andern herrscht eine gewisse Vermischung des Natürlichen und Uebernatürlichen, die selbst schon im Lesen die Täuschung stöhrt, und auf der Bühne, wenn sie auch nachzubilden wäre, alle Würkung verfehlen würde; in noch andern ist, bey aller Schönheit einzelner Scenen und ganzer Auftritte, der Plan und die Anlage so fehlerhaft, daß die Erwartung an dem Fortgange des Stücks wenig oder gar keinen Antheil nimmt; in allen endlich ist der Dialog mehr philosophisch als theatralisch, und bey unverkennbarer Würde und Kraft, von dem Vorwurfe des Gekünstelten und Gesuchten nicht frey. Wie sehr würde Hr. Klinger das ganze dramatische Publikum verpflichten, wenn er bey diesen Talenten und in diesen Jahren einmal ein Stück zu schreiben sich entschlösse, bey dem er die Bühne und die Vorstellung auf derselben unverrückt im Auge behielte. Aber fast zweifeln wir nach der Wendung, die sein Genie genommen, und nach den Werken, die er hervorgebracht hat, daß ihm dieser Lorber von der Muse beschieden ist.

Fe.

Neue allgemeine deutsche Bibliothek. Des siebzehnten Bandes erstes Stück. Kiel: verlegts Carl Ernst Bohn, 1795. S. 267–269. [Nach dem Exemplar in der Universitätsbibliothek, Cambridge.]

Georg Gottfried Gervinus

Unter den dichterisch-Productiven der neuen Schule ist der fruchtbarste, und der ächte Repräsentant dieser Zeit Fr. Max. Klinger (aus Frankfurt, 1753–1831). Von einem seiner Stücke hat man diese Zeit die Sturm- und Drangperiode genannt, weil ihr charakteristisches Abzeichen der innere Kampf ist, in dem sich die Jugend befand zwischen Ideal und Welt, Herz und Verstand, Freiheit und Convenienz, Natur und Cultur. Der Mann von Gefühl, von natürlichem Triebe, der sich im Gegensatze gegen die bestehende Welt sah und die Künste der Politik und der Weltklugheit verschmähte, galt Klingern, wenn er auch nicht dichtete, als ein Dichter, und durch all seine zahlreichen Werke, Trauerspiele und Romane, geht der Zwiespalt durch, in dem er den Menschen dieser Natur mit der wirklichen Welt sieht, der finstere Schmerz darüber, daß diese edlere Natur immer im Nachtheile gegen den Weltmann erscheint, eine skeptische Schwarzsichtigkeit, die nichts von Vorsehung in einer Welt sehen will, wo das Laster über die Tugend siegt, eine männische Kraftäußerung und Starkgeisterei, die sich der Werther'schen Sentimentalität abhold erklärt.

Handbuch der Geschichte der poetischen National-Literatur der Deutschen. Leipzig: Engelmann, [3]1844. S. 239.

Oskar Erdmann

Das Eigentümlichste an diesem Drama ist, dass Klinger hier zum ersten Mal für seine Stürmer und Dränger, deren er eine ganze Reihe vorführt, ein wirklich sieht- und greifbares Gebiet der Tätigkeit und des Wirkens durch Uebersidelung nach der neuen Welt Amerika, der er damals selbst zustrebte, findet, und zugleich, dass er in diesem Drama einen alle Teile befriedigenden und versöhnenden Abschluss durch Tilgung des alten, in Europa aufgesammelten Familienhasses bei den feindlichen Greisen, durch befriedigte Liebe und Eröffnung einer friedlichen Tätigkeit in [26] der neuen Welt bei den jungen Paaren erreicht. Und so kann man das Stück für Klinger selbst als den zusammenfassenden Abschluss seiner Jugendperiode betrachten, ja als dasjenige Werk, mit dem er selbst für sich die Sturm- und Drangperiode innerlich auskämpfte und überwand.

Ueber F. M. Klinger's dramatische Dichtungen. [Programm.] Königsberg: Nürnberger, 1877. S. 25 f.

Erich Schmidt

Es ist kein Zufall, dass gerade ein Klingersches Stück mit seinem ihm von Kauffmann aufgedrängten Titel der ganzen Zeit ihren Namen gegeben hat. Denn in seiner Persönlichkeit war der Sturm und Drang am meisten ausgeprägt, nicht ohne absichtliche Schaustellung und Steigerung, aber doch ohne die klägliche Affectation, mit der sich damals die zahmsten Grauthiere, weil es eben Mode war, die Löwenhaut umhängten.

Lenz und Klinger. Zwei Dichter der Geniezeit. Berlin: Weidmann, 1878. S. 74.

Erich Schmidt

[Klinger schuf] zu Weimar den »Wirrwarr«, den Kaufmann in »Sturm und Drang« umtaufte. Dieser Titel wurde die Devise der Zeit. Wildheit und Spleen verzerren die Gestalten. »Romeo und Julie« und »Claudine«[48] wirken auf die zerfahrene Handlung und Charakteristik.

Klinger. In: Allgemeine deutsche Biographie. Bd. 16. Leipzig: Duncker & Humblot, 1882. S. 191.

48 Johann Wolfgang Goethe, *Claudine von Villa Bella* (1774/75). – Vgl. die Szenenbemerkung zu Anfang dieses Räuber-Singspiels: »Die Musik kündigt einen Wirrwarr, einen fröhlichen Tumult an, einen Zusammenlauf des Volks zu einem festlichen Pompe.« – Der Held Crugantino drückt das jugendliche Gefühl vor der Welt so aus: »wo habt ihr einen Schauplatz des Lebens für mich? Eure bürgerliche Gesellschaft ist mir unerträglich!«

Auf einen inneren Abstand des Dichters von seinem Helden deutet schon Wilds Äußerung »Unser Unglück kommt aus unserer eigenen Stimmung des Herzens, die Welt hat dabey gethan, aber weniger als wir«,[49] außerdem aber auch die exzentrische Phantastik, die das ganze Stück kennzeichnet, das sich ja überhaupt am ehesten als groteske Tragikomödie auffassen läßt. Klinger selbst nennt sein Drama bei der ersten brieflichen Erwähnung nicht wie später ein Schauspiel sondern eine »Comödie«, in der er die »tollsten Originalen zusammengetrieben« habe.[50] Schließlich macht auch das unklingerische »happy end« des Schauspiels, das keineswegs als Beleg einer »optimistischen Anschauung Klingers von Gott und Welt« anzusehen ist,[51] einen solchen Abstand wahrscheinlich, so daß wir das Drama im ganzen schwerlich als Dokument eines »jähen« Absturzes auf der Bahn seines Ringens »um eine neue Lebenshaltung und -führung« ansehen dürfen.[52] Immerhin entstand der »Wirrwarr« aus tiefem, eigenem Erleben des Dichters; er hätte ihn sonst nicht »das liebste und wunderbarste was aus meinem Herzen geflossen ist« nennen können.[53]

Studien zu Schicksal und Ethos bei F. M. Klinger. Berlin: Ebering, 1941. S. 35. [= Germanische Studien. H. 234.]

49 Hier S. 10, Z. 20–22. Mit dem Hinweis auf ebendiese Worte leitet Brüggemann (1926) seine wertvolle Analyse des Dramas ein.
50 Rieger (1896), Bd. 1, S. 398 unten.
51 Wie Kurz (1913) S. 96 f., meint.
52 So May (1933), S. 407.
53 Rieger (1896), Bd. 1, S. 404.

JOHANN CASPAR LAVATER

Genie

Was ist Genie? Wer's nicht ist, *kann* nicht; und wer's ist, *wird* nicht antworten.* – Vielleicht kann's und darf's einigermaßen, wer dann und wann gleichsam in der Mitte schwebt, und dem's wenigstens bisweilen gegeben ist, in die Höhe über sich, und in die Tiefe unter sich – hinzublicken.

Was ist *Genie*? was ist's nicht? Ist's bloß Gabe ausnehmender *Deutlichkeit* in seinen Vorstellungen und Begriffen? Ist's bloß anschauende Erkenntniß? Ist's bloß richtig sehen und urtheilen? viel wirken? ordnen? geben? verbreiten? Ist's bloß – ungewöhnliche Leichtigkeit zu lernen? zu sehen? zu vergleichen? Ist's bloß *Talent*? –

Genie ist *Genius.*

Wer bemerkt, wahrnimmt, schaut, empfindet, denkt, spricht, handelt, bildet, dichtet, singt, schafft, vergleicht, sondert, vereinigt, folgert, ahndet, giebt, nimmt – als wenn's ihm ein *Genius*, ein *unsichtbares Wesen höherer Art* diktirt oder angegeben hätte, der *hat* Genie; als wenn er selbst ein Wesen höherer Art wäre – *ist* Genie.

Einen *reichen oder weisen Freund haben*, der uns in jeder Verlegenheit räth, in jeder Noth hilft – und *selbstreich seyn*, und andern in jeder Noth helfen; *selbstweise*, andern in jeder Verlegenheit rathen zu können – siehe da den Unterschied zwischen *Genie seyn*, und *Genie haben.*

Wo Wirkung, Kraft, That, Gedanke, Empfindung ist, die *von Menschen nicht gelernt und nicht gelehrt werden kann* – da ist *Genie. Genie* – das allererkennbarste und unbeschreiblichste Ding! fühlbar, wo es ist, und unaussprechlich wie die Liebe.

[81] Der Charakter des Genies und aller Werke und Wirkungen des Genies – ist meines Erachtens – *Apparition* ... Wie Engelserscheinung *nicht kömmt* – sondern *da steht*; nicht *weggeht*, sondern weg *ist*; wie

* »Ne cherchés point, jeune artiste, ce que c'est que le Genie. En as-tu: tu le sens en toi-même. N'en as-tu pas: tu ne le connoitras j'amais.« Rousseau Diction. de Musique. p. 360.

Engelserscheinung ins innerste Mark trifft – unsterblich ins Unsterbliche der Menschheit wirkt – und verschwindet, und fortwirkt nach dem Verschwinden – und süße Schauer, und Schreckensthränen, und Freudenblässe zurück läßt – So Werk und Wirkung des Genies. –

Genie – propior Deus …

Oder – nenn' es, beschreib' es, wie du willst – Nenn's *Fruchtbarkeit des Geistes! Unerschöpflichkeit! Quellgeist!* Nenn's *Kraft ohne ihres gleichen – Urkraft, kraftvolle Liebe*; nenn's *Elastizität der Seele*, oder der *Sinne* und des *Nervensystems* – die leicht Eindrücke annimmt, und mit einem schnell ingerirten Zusatze lebendiger Individualität zurückschnellt – Nenn's unentlehnte, natürliche, innerliche Energie der Seele; nenn's *Schöpfungskraft*; nenn's Menge *in*- und *extensifer Seelenkräfte – Sammlung, Konzentrirung aller Naturkräfte*; nenn's *lebendige Darstellungskunst*; nenn's *Meisterschaft über sich selbst*; nenn's *Herrschaft über die Gemüther*; nenn's *Wirksamkeit*, die immer trifft, nie fehlt in alle ihrem Wirken, Leiden, Lassen, Schweigen, Sprechen; nenn's *Innigkeit, Herzlichkeit*, mit Kraft sie fühlbar zu machen. Nenn's *Zentralgeist, Zentralfeuer*, dem nichts widersteht; nenn's lebendigen und *lebendig machenden Geist*, der sein Leben fühlt, und leicht und vollkräftig mittheilt; sich in alles hineinwirft mit Lebensfülle, mit Blitzeskraft – Nenn's *Uebermacht* über alles, wo es hintritt; nenn's *Ahndung* des Unsichtbaren im Sichtbaren, des Zukünftigen im Gegenwärtigen. Nenn's tiefes erregtes Bedürfniß mit Ahndung innerer Kraft, die das Bedürfniß stillt und sättigt – Nenn's *ungewöhnliche Wirksamkeit durch ungewöhnliches Bedürfniß erregt und unterhalten*! Nenn's ungewöhnliche *Schnelligkeit* des Geistes, *entfernte Verhältnisse* mit glücklicher Ueberspringung der Mittelverhältnisse *zusammenzufassen* – oder *Aehnlichkeiten*, die sich nicht herausforschen lassen, *im eilenden Vorbeyflug zu ergreifen* – Nenn's *»Vernunft im schnellsten Flammenstrome der Empfindung und Thätigkeit.«* – Nenn's *Glaube, Liebe, Hoffnung*, die sich nicht geben, nicht nachäffen läßt; oder nenn's schlechtweg nur *Erfindungsgabe* – oder *Instinkt*: Nenn's und beschreib's, wie du willst und kannst – alle[82]mal bleibt das gewiß – das *Ungelernte, Unentlehnte, Unlernbare, Unentlehnbare, innig Eigenthümliche, Unnachahmliche, Göttliche – ist Genie – das Inspirationsmässige ist Genie* – hieß bey allen Nationen, zu allen Zeiten Genie – und wird's heißen, so lange Menschen denken und empfinden und reden. *Genie* blitzt; Genie *schafft*; *veranstaltet* nicht; *schafft!* So wie es selbst nicht *veranstaltet* werden kann, sondern *ist*! *Genie* vereinigt, was niemand vereinigen; trennt, was niemand trennen kann; sieht, und hört und fühlt, und giebt und nimmt – auf eine Weise, deren Unnachahmlichkeit jeder andere sogleich innerlich anerkennen muß – Unnachahmlich und über allen Schein von Nachahmlichkeit erhaben ist das Werk des reinen Genius. Unsterblich ist alles Werk des Genies, wie der Funke Gottes, aus dem es fließt. Ueber kurz oder lang wird's erkannt – wird seine Unsterblichkeit gesichert. Ueber kurz oder lang alles herabgewürdigt, was schwachen Köpfen *Genie* schien und nicht war; nur Talent; nur gelernt, nur nachgeahmt, nur Faktize war, *nicht Geist war aus Geist*; nicht quoll aus unlernbarem Drange der Seele; nicht war Kind der Liebe! Abdruck des innern Menschen! Ausgeburt und Ebenbild der verborgensten Kraft! Lauf alle Reihen der Menschen durch, die ganze Nationen und Jahrhunderte mit Einer Stimme *Genie* nannten – oder deren Werke und Wirkungen unsterblich sind und fortleben von Geschlecht zu Geschlecht, und nie zu verkennen, nie auszulöschen sind – wenn noch so viele, noch so stürmende Stürme über sie brausen – Nenn unter allen Einen – der nicht gerade um deßwillen Genie hieß – und war – weil er *Ungelerntes* und *Unlernbares* empfand, sprach, dichtete, gab, schuf! *Unnachahmlichkeit* ist der Charakter des Genies und seiner Wirkungen, wie aller Werke und Wirkungen Gottes! *Unnachahmlichkeit*; *Momentaneität*; *Offenbarung*; *Erscheinung*; *Gegebenheit*, wenn ich so sagen darf! was wohl geahndet, aber nicht *gewollt*, nicht *begehrt* werden kann – oder was man hat im Augenblick des *Wollens* und *Begehrens* – ohne zu wissen *wie*? – was gegeben wird – nicht von Menschen; sondern von Gott, oder vom Satan!

Physiognomische Fragmente zur Beförderung der Menschenkenntniß und Menschenliebe. Vierter Versuch. Leipzig und Winterthur: Bey Weidmanns Erben und Reich, und Heinrich Steiner und Compagnie, 1778. S. 80–82. [I. Abschnitt. X. Fragment.] [Nach dem Exemplar im Britischen Museum, London.]

Zeittafel

1752	18. Februar: Friedrich Maximilian Klinger getauft, geboren also wohl zwischen dem 15. und 18. Februar, und zwar in Frankfurt am Main als erster Sohn des Stadtsoldaten Johannes Klinger und dessen zweiter Frau Cornelia Margareta Dorothea, der Tochter des verstorbenen Sergeanten Fuchs. Die Vornamen sind die des Paten, des kaiserlichen Rates und Frankfurter Schöffen von Lersner. – Geschwister: Anna Katharina (geb. 1751), Johann Friedrich (geb. 1754, gest. 1755), Agnes (geb. 1757).
1760	14. Februar: Tod des Vaters. In der Folge ernährt die Mutter die Familie durch Arbeiten als Wäscherin und Krämerin.
1772	Bis Herbst besucht Klinger das Frankfurter Gymnasium. Danach Bekanntschaft mit Goethe und dessen Freundeskreis in Frankfurt.
1774	16. April: Klinger wird in Gießen als Jurastudent immatrikuliert. Auf Empfehlung Goethes wohnt er bei Professor Höpfner.
1774–76	Studium und erste literarische Wirksamkeit. – Liebe zu Albertine von Grün. – Freundschaft mit Ernst Schleiermacher und dessen Schwester Jenny aus Darmstadt und dem Musiker Philipp Kayser. – 1775 in Wetzlar Bekanntschaft mit den Brüdern Stolberg und mit Miller.
1775	Anonym: *Otto* (Trauerspiel). Anonym: *Das leidende Weib* (Trauerspiel).
1776	2. Junihälfte: Abbruch des Studiums; Reise nach Weimar. 24. Juni: Ankunft bei Goethe in Weimar. Juni bis Oktober: Bekanntschaft mit Christoph Kaufmann, Wieland, Gotter, Angehörigen des Weimarer Hofes. Anfang Oktober: Abreise von Weimar. In Leipzig Anstellung als Theaterdichter der Schauspielertruppe Abel Seylers. *Die Zwillinge* (Trauerspiel). Anonym: *Die Neue Arria* (Trauerspiel).

Anonym: *Simsone Grisaldo* (Schauspiel).
Sturm und Drang (Schauspiel).

1777 *Der verbannte Göttersohn* (dramatisches Fragment).
Bis 1778 auf Reisen mit der Seylerschen Theatergesellschaft. – Kurze Bekanntschaft mit Gotthold Ephraim Lessing, Freundschaft mit dem Maler Müller, Heinse, Jacobi u. a.

1778 Ende Februar: Trennung von Seyler. Zu Goethes Schwager Schlosser nach Emmendingen.
Zwischen März 1778 und August 1780: Versuch, durch Schlosser und Pfeffel Kontakte mit Benjamin Franklin, dem amerikanischen Gesandten in Paris, anzuknüpfen, um sich der amerikanischen Freiheitsarmee anzuschließen. Auf Schlossers Empfehlung Anstellung als Lieutenant in einem kaiserlich-österreichischen Freikorps bei Ulm. Teilnahme am Bayerischen Erbfolgekrieg in Böhmen, der bereits im Mai 1779 mit dem Teschener Frieden endet. Anschließend wiederum bei Schlosser in Emmendingen und bei Sarasin und im Lavater-Kreis in Basel.
Durch Schlossers Vermittlung und auf Empfehlung des Herzogs Friedrich Ernst von Württemberg an seine Tochter Maria Fjodorowna, die Gattin des russischen Thronfolgers Paul, wird Klinger im August Lieutenant im russischen Seebataillon, sowie Gardeoffizier und Vorleser beim Großfürsten Paul.

1778–80 Anonym: *Orpheus eine Tragisch-Komische Geschichte.*

1780 Herbst: Reise von Basel über Frankfurt, Hamburg, Lübeck nach St. Petersburg.
Anonym: *Prinz Seiden-Wurm der Reformator.*
Anonym: *Der Derwisch* (Lustspiel).
Anonym: *Prinz Formosos Fiedelbogen und der Prinzessin Sanaclara Geige.*
Anonym: *Plimplamplasko. Der hohe Geist.*
Stilpo und seine Kinder (Drama).

1781 Begleiter des Fürstenpaares auf einer Reise von Russland nach Polen, Österreich, Italien, Frankreich und Belgien.

1782 Oberlieutenant eines Petersburger Infanterieregiments. *Die falschen Spieler* (Lustspiel).

1783 *Elfride* (Tragödie).

1783–85 Teilnahme am russischen Türkenfeldzug.

1785 Kadettenlieutenant. *Die Geschichte vom Goldnen Hahn.*

1786/87 *Theater* – Ausgabe in 4 Teilen mit den Erstdrucken von: *Konradin – Der Schwur – Medea in Korinth – Der Günstling.*

1788 Heirat mit der russischen Adligen Elisaweta Alexandrowna Alexejewa. Aus der Ehe gingen drei Söhne hervor, von denen zwei im frühen Knabenalter starben, der dritte, Alexander, nach einer Verwundung in der Schlacht von Borodino (1812).

1790 *Neues Theater* in 2 Teilen mit den Erstdrucken: *Aristodymos – Roderico – Damocles – Die zwo Freundinnen.* Anonym: *Oriantes* (Trauerspiel).

1791 *Medea in Korinth und Medea auf dem Kaukasos. Zwey Trauerspiele* [= Erstausgabe des zweiten Stücks]. *Bambino's sentimentalisch-politische, comisch-tragische Geschichte. Fausts Leben, Thaten und Höllenfahrt in fünf Büchern* (Roman).

1792–94 *Geschichte Giafars des Barmeciden* (Roman).

1793 *Geschichte Raphaels de Aquillas in fünf Büchern* (Roman).

1795 Anonym: *Reisen vor der Sundfluth.*

1797 Anonym: *Der Faust der Morgenländer* (Roman). *Der Schwur, gegen die Ehe* (Lustspiel).

1798 Anonym: *Sahir, Eva's Erstgeborener im Paradiese* (Roman). Anonym: *Geschichte eines Teutschen der neusten Zeit* (Roman). *Der Weltmann und der Dichter* (Roman).

1801 Direktor des 1. Kadettenkorps.

1802 Mitglied der Hauptschulverwaltung beim Ministerium für Volksbildung; Mitglied des Rates der Lehranstalten für weibliche Zöglinge.

1803 24. Februar: Kurator des Schulbezirks und der Universität Dorpat.

1803–05	*Betrachtungen und Gedanken über verschiedene Gegenstände der Welt und der Litteratur.*
1805	Mitglied des Rates der Kriegsschulen.
1809–16	*Werke* in 12 Bänden.
1810	*Sämtliche philosophische Romane* in 12 Teilen.
1816	Enthebung vom Amt als Kurator.
1818	Enthebung von der Leitung des Pagenkorps und von der des Kadettenkorps.
1831	20. Februar (bzw. am 3. März nach dem russischen Kalender): Tod Klingers.

Bibliographie

a) Originalausgaben

A. 1. Sturm und Drang. Ein Schauspiel von Klinger. 1776. [Berlin: George Jacob Decker.] 8°. 115 S.

2. Sturm und Drang. Ein Schauspiel von Klinger. 1776. In: Sammlung neuer Originalstücke für das deutsche Theater. Berlin und Leipzig, bey George Jacob Decker. 1777. Bd. 1. [Nachdruck als Titelauflage, der aber wohl nur in einem Teil der Auflage eingefügt wurde, da Rezensionen der Sammlung Klingers Schauspiel teilweise erwähnen, teilweise nicht nennen. Ausgabe war dem Herausgeber nicht zugänglich.]

3. Sturm und Drang. Schauspiel. 8°. Basel 1777. [Nachdruck oder Titelauflage, mit der Angabe des Verlagsbuchhändlers Rottmann in Berlin und dem Preis von 10 Kreuzern erwähnt in Kayser, *Vollständiges Bücher-Lexicon*, Bd. 6: *Schauspiele*, 1835, S. 52. Ausgabe war dem Herausgeber nicht zugänglich.]

4. Sturm und Drang. Basel 1780. [Nachdruck oder Titelauflage; identisch mit 3 (?). In Goedekes *Grundriß* (1955) verzeichnet. Ausgabe war dem Herausgeber nicht zugänglich.]

5. Sturm und Drang. In: Deutsche Schaubühne. 170. Theil. Wien, [o. J. und D.]. [Titelauflage von 1.]

B. Sturm und Drang. Ein Schauspiel in fünf Aufzügen. Von 1775. In: F. M. Klinger's Theater. Der Schwur. Die neue Arria. Sturm und Drang. Zweyter Theil. Riga: bei Johann Friedrich Hartknoch, 1786. S. 263–372.

b) Neudrucke

1. F. M. Klinger: Sturm und Drang. Leipzig: Reclam, 1870. (Universal-Bibliothek. 248.) 68 S.
2. F. M. Klinger's Ausgewählte Werke. Bd. 1. Stuttgart: Cotta, 1878.
3. [Titelauflage von 2] (= Cotta's Deutsche Volks-Bibliothek. 4. Reihe. 1. Lieferung).
4. F. M. von Klinger: Sturm und Drang. Ein Schauspiel in fünf Aufzügen. Leipzig/Wien: Bibliographisches Institut, [ca. 1890]. (Meyers Volksbücher. Nr. 599.) 62 S.
5. Stürmer und Dränger. Erster Teil: Klinger und Leisewitz. Hrsg. von

Dr. A[ugust] Sauer. Stuttgart: Union Deutsche Verlagsgesellschaft, 1890. (Deutsche National-Literatur. Hrsg. von Joseph Kürschner. Bd. 79. I.) S. 63–124. [Dazu: Einleitung, S. X f.]

6. Sturm und Drang. Dichtungen aus der Geniezeit. Hrsg. von Karl Freye. Dritter Teil: Klinger. Berlin/Leipzig/Wien/Stuttgart: Bong, [1911]. Bd. 3. S. 195–251. [Dazu: Einleitung, Bd. 1, S. LIX–LXXVIII, bes. S. LXXIV f.; Anmerkungen, Bd. 4, S. 514 f.]
7. F. M. Klinger: Dramatische Frühwerke. Hrsg. von Hans Behrendt und Kurt Wolff. Leipzig: Rowohlt, 1912. Bd. 2. S. 261–355. [Dazu: Einleitung, Bd. 1, S. XIII–LXIII, bes. S. XLVI ff.; Anmerkungen, Bd. 2, S. 442–453.]
8. Sturm und Drang in einem Band. Hrsg. von Rudolf K. Goldschmit. Stuttgart: Walter Hädecke, 1924. (Diotima-Klassiker.) S. 9–74.
9. Sturm und Drang. In Auswahl hrsg. von Dr. Karl Hoppe. Leipzig: J. J. Weber, [o. J.]. S. 169–207.
10. Sturm und Drang. Ein Lesebuch für unsere Zeit von Klaus Herrmann und Joachim Müller. Weimar: Thüringer Volksverlag, 1954. S. 114–140 [Auswahl]. [8]1968. S. 46–71.
11. In: Klingers Werke in zwei Bänden. Hrsg. von Hans Jürgen Geerdts. Weimar: Volksverlag, 1958. [4]1981. (Bibliothek deutscher Klassiker). Bd. 1. S. 99–162. [Dazu: Anmerkungen, ebd., S. 292 ff.]
12. In: Sturm und Drang. Dramatische Schriften. Plan und Ausw. von E[rich] Loewenthal und L[ambert] Schneider. Bd. 2. Heidelberg: Lambert Schneider, 1959. [2]1963. S. 289–349. [Dazu: Bibliographie, ebd., S. 624; Anmerkungen, ebd., S. 665.]
13. In: Sturm und Drang, Klassik, Romantik. Texte und Zeugnisse. Hrsg. von Hans-Egon Hass. Bd. 1. München: Beck, 1966. S. 576–579 [Akt I, Szene 1].
14. In: Sturm und Drang. Werke in drei Bänden. Hrsg. von René Strasser. Bd. 2. Frankfurt a. M.: Frankenbuchhandlung, 1966. (Bongs goldene Klassiker Bibliothek. 2.)
15. In: Sturm und Drang. Dichtungen und theoretische Texte in zwei Bänden. Ausw. und Nachw. von Heinz Nicolai. Anm. von Elisabeth Raabe und Uwe Schweikert. München: Winkler, 1971. (Winkler Dünndruck-Bibliothek.) Bd. 2. S. 1144–99.
16. Historisch-kritische Gesamtausgabe. Hrsg. von Sander L. Gilman [u. a.]. Zuerst: Tübingen: Niemeyer, 1978–2007. [Bd. 1, 2, 5, 7, 11–13, 16, 18.] Dann: Berlin: de Gruyter, 2012 ff. [Bd. 7–9.] (Neudrucke deutscher Literaturwerke.) [*Sturm und Drang* bisher noch nicht erschienen.]

bb) Übersetzung

F. M. Klinger: Tempesta e assalto [Sturm und Drang]. Übers. von Lavinia Mazzucchetti. Turin: U. T. E. T., [ca. 1935]. (Grandi Scrittori Stranieri, collana di traduzioni. Diretta da Arturo Farinelli. 44.)

c) Literaturhinweise

Adelung, Johann Christoph: Grammatisch-kritisches Wörterbuch der Hochdeutschen Mundart. 4 Bde. mit einem Suppl.-Bd. 2., verm. und verb. Aufl. Leipzig 1793–1801. – Suppl.-Bd. 5,1. Berlin 1818.

Beißner, Friedrich: Studien zur Sprache des Sturm und Drangs. In: Germanisch-Romanische Monatsschrift 21 (1934) S. 417–429.

Brieger, Felix: Der Wortschatz in F. M. Klingers Jugenddramen. Diss. Greifswald 1924.

Brüggemann, Fritz: Klingers Sturm und Drang. Eine Auslegung. In: Zeitschrift für deutsche Bildung 2 (1926) S. 203–217.

Bruford, Walter H.: Theatre, Drama and Audience in Goethe's Germany. London 1950.

Düntzer, Heinrich: Christof Kaufmann, der Apostel der Geniezeit und der Herrnhutische Arzt. Ein Lebensbild mit Benutzung von Kaufmanns Nachlaß entworfen. Leipzig 1882.

– Klinger in Weimar. In: Archiv für Litteraturgeschichte 11 (1892) S. 64–86.

Erdmann, Oskar: Über F. M. Klingers dramatische Dichtungen. Programm des Wilhelm-Gymnasiums. Königsberg 1877. [Rezensionen: *Zeitschrift für deutsche Philologie* 9 (1878) S. 493–496 (M. Rieger); *Anzeiger für deutsches Altertum und deutsche Literatur* 4 (1878) S. 213 (E. Schmidt); *Zeitschrift für die österreichischen Gymnasien* 30 (1879) S. 276–298 (R. M. Werner).]

Feldmann, Wilhelm: Modewörter des 18. Jahrhunderts. In: Zeitschrift für deutsche Wortforschung 6 (1904/05) S. 104–116.

Fischer, Kurt: Seelisches Erleben in F. M. Klingers Sturm und Drang. Diss. Göttingen 1930.

Genton, Elisabeth [geb. Deichmann]: Lenz – Klinger – Wagner. Studien über die rationalistischen Elemente im Denken und Dichten des Sturm und Drangs. Diss. Berlin [FU] 1955. [Masch.]

Goedeke, Karl: Grundriß zur Geschichte der deutschen Dichtung. Bd. 4.

1. Abt. 3., neu bearb. Aufl. Dresden 1916. Nachdr. Berlin 1955. S. 800–811 und 1160, bes. S. 806.

Grimm, Jacob / Grimm, Wilhelm: Deutsches Wörterbuch. Leipzig 1854 ff. Online-Ausgabe: http://woerterbuchnetz.de/cgi-bin/WBNetz/wbgui_py?sigle=DWB [6.11.2019]. – Darin: Art. »Drang«, Bd. 2. Sp. 1334; Art. »Genie« (11), Bd. 4, 1. Abt., 2. Teil, Sp. 3428 ff.; Art. »Sturm«, Bd. 10, 4. Abt., bes. Sp. 585 f.; Art. »Wirrwarr«, Bd. 14, 2. Abt., Sp. 620 f.

Gundolf, Friedrich: Shakespeare und der deutsche Geist. Berlin 1914. Bes. S. 256–261.

Hart, Gail K.: A Family without Women. The Triumph of the Sentimental Father in Lessing's *Sara Sampson* and Klinger's *Sturm und Drang*. In: Lessing Yearbook 22 (1990) [1991] S. 113–132.

Heckscher, William S.: Sturm und Drang. Conjectures on the Origin of a Phrase. In: Simiolus (Amsterdam) 1,2 (1966/67) S. 94–105.

Hedicke, Franz: Die Technik der dramatischen Handlung in F. M. Klingers Jugenddramen. Diss. Halle a. d. S. 1911.

Hering, Christoph: Friedrich Maximilian Klinger. Der Weltmann als Dichter. Berlin 1966.

Hillach, Ansgar: Klingers Sturm und Drang im Lichte eines frühen, unveröffentlichten Briefes. In: Jahrbuch des Freien Deutschen Hochstifts. Hrsg. von Detlev Lüders. Tübingen 1968. S. 22–35.

Hinck, Walter (Hrsg.): Sturm und Drang. Ein literaturwissenschaftliches Studienbuch. Kronberg i. Ts. 1978.

Huyssen, Andreas: Drama des Sturm und Drang. Kommentar zu einer Epoche. München 1979.

Jacobowski, Ludwig: Klinger und Shakespeare. Ein Beitrag zur Shakespearomanie der Sturm- und Drangperiode. [Diss. Freiburg i. Br.] Dresden/Leipzig 1891.

– Zu F. M. Klingers Gedächtnis. In: Das litterarische Echo 2 (1899) S. 19 f.

Jelenski, Manfred: Kritik am Feudalismus in den Werken F. M. Klingers bis zur Französischen Revolution, speziell in seinen Dramen. Diss. Berlin [Ost] 1953. [Masch.]

Jennings, Michael W.: ›Vergessen von aller Welt‹. Literatur, Politik und Identität in Klingers Dramen des Sturm und Drang. In: Zeitschrift für deutsche Philologie 104 (1985) S. 494–506.

Kaiser, Gerhard: Friedrich Maximilian Klingers Schauspiel »Sturm und Drang«. In: Untersuchungen zur Literatur als Geschichte. Festschr.

für Benno von Wiese. Hrsg. von Vincent J. Günther [u. a.]. Berlin 1973. S. 15–35.
Karthaus, Ulrich: Sturm und Drang. Epoche – Werke – Wirkung. 2., aktual. Aufl. München 2007.
Kayser, Wolfgang: Das Groteske in Malerei und Dichtung. Oldenburg/Hamburg 1957.
Keckeis, Gustav: Dramaturgische Probleme im Sturm und Drang. Bern 1907.
Kistler, Mark O.: Drama of the Storm and Stress. New York 1969.
Kreck, Paul: Die Rolle der Natur im Sturm-und-Drang-Drama. Diss. Erlangen 1929.
Kurz, Werner: F. M. Klingers Sturm und Drang. Halle a. d. S. 1913. [Rezension: Deutsche Literaturzeitung. 1914. Sp. 2791 f. (W. Stammler).]
Langmesser, August: Jakob Sarasin, der Freund Lavaters, Lenzens, Klingers u. a. Ein Beitrag zur Geschichte der Genieperiode. Zürich 1899.
Luserke, Matthias: Sturm und Drang. Autoren – Texte – Themen. Bibliogr. erg. Aufl. Stuttgart 2019. (Reclams Universal-Bibliothek. 17602.) [Zu Klinger: S. 177–210.]
– (Hrsg.): Handbuch Sturm und Drang. Berlin/Boston 2017. [Zu Klinger: S. 122–129, 590–599.]
Martini, Fritz: Die feindlichen Brüder. Zum Problem des gesellschaftskritischen Dramas von J. A. Leisewitz, F. M. Klinger und F. Schiller. In: Schiller-Jahrbuch 16 (1972) S. 208–265.
– Friedrich Maximilian Klinger. In: Deutsche Dichter des 18. Jahrhunderts. Ihr Leben und Werk. Hrsg. von Benno von Wiese. Berlin 1977. S. 816–842.
Mattenklott, Gert: Melancholie in der Dramatik des Sturm und Drang. 2., erw. und erg. Aufl. Stuttgart 1985. [^{1}1968.]
– / Scherpe, Klaus R. (Hrsg.): Die Funktion der Literatur bei der Formulierung der bürgerlichen Klasse Deutschlands im 18. Jahrhundert. 2., durchges. Aufl. Kronberg i. Ts. 1976.
May, Kurt: Beitrag zur Phänomenologie des Dramas im Sturm und Drang. In: Germanisch-Romanische Monatsschrift 18 (1930) S. 260–268. Wiederabgedr. in: K. M.: Form und Bedeutung. Stuttgart 1957. S. 42–49.
– F. M. Klingers *Sturm und Drang*. In: Deutsche Vierteljahrsschrift Literaturwissenschaft und Geistesgeschichte 11 (1933) S. 398–407.

McInnes, Edward: »Die Regie des Lebens«. Domestic Drama and the Sturm und Drang. In: Orbis Litterarum 32 (1977) S. 269–284.
Melchinger, Siegfried: Dramaturgie des Sturms und Drangs. [Diss. Tübingen.] Gotha 1929.
Mentzel, Elisabeth: Geschichte der Schauspielkunst in Frankfurt am Main von ihren ersten Anfängen bis zur Eröffnung des städtischen Komödienhauses. Ein Beitrag zur deutschen Kultur- und Theatergeschichte. Frankfurt a. M. 1882.
– Der Junge Klinger. In: Frankfurter Zeitung. Nr. 46. 1902.
– Klingers ›Sturm und Drang‹ in Frankfurt. In: Frankfurter Zeitung. Nr. 150. 1903.
– Ein Brief der Madame Möller an den Schauspieldirektor Gustav Friedrich Wilhelm Großmann. In: Archiv für Theatergeschichte 2 (1905) S. 72–87.
Milch, Werner: Christoph Kaufmann. Frauenfeld 1934.
Osterwalder, Fritz: Die Überwindung des Sturm und Drang im Werk Friedrich Maximilian Klingers. Die Entwicklung der Republikanischen Dichtung in der Zeit der Französischen Revolution. Berlin 1979.
Palitzsch, Oskar Alfred: Erlebnisgehalt und Formproblem in F. M. Klingers Jugenddramen. Dortmund 1925.
Pascal, Roy: The German Sturm und Drang. Manchester 1953.
Perels, Christoph (Hrsg.): Sturm und Drang. [Ausstellungskatalog.] Frankfurt a. M. 1988.
Perger, Arnulf: Einortsdrama und Bewegungsdrama. Brünn 1929.
Philipp, Richard: Beiträge zur Kenntnis von Klingers Sprache und Stil in seinen Jugenddramen. Diss. Freiburg i. Br. 1909.
Pinatel, Joseph: Le Drame Bourgeois en Allemagne au XVIIIe Siècle. Lyon 1938.
Prosch, Franz: [Anzeige von A. Sauers *Deutsche National-Literatur*-Ausgabe der *Stürmer und Dränger*, s. unter b) »Neudrucke«, Nr. 5.] In: Zeitschrift für die österreichischen Gymnasien 34 (1883) S. 909–927.
Reschke, Claus: Stylistic Patterns in Sturm und Drang Drama. F. M. Klinger's Early Plays. In: Theatrum Mundi. Essays on German Drama and German Literature. Dedicated to Harold Lenz on his 70th birthday. Hrsg. von Edward R. Haymes. München 1980. S. 40–50.
Rieger, Max: Klinger in der Sturm- und Drangperiode. Darmstadt 1880. [Rezensionen: *Deutsches Literaturblatt*, Nr. 16, 1880, S. 93; *Literari-*

sches Zentralblatt, Nr. 49, 1880, S. 1674; *Deutsche Literaturzeitung*, Nr. 16, S. 1881; *Anzeiger für deutsches Altertum und deutsche Literatur* 7 (1881) S. 445 f. (B. Seuffert); *Zeitschrift für deutsche Philologie* 12 (1881) S. 382 (O. Erdmann); *Westermanns Monatshefte* 26 (1881) S. 193 f. (M. Carriere); *Göttingische Gelehrte Anzeigen* 160 (1881) S. 36–46 (B. Seuffert).]

– Klinger in seiner Reife. Mit einem Briefbuch. 2 Bde. Darmstadt 1896.

Roessler, Erwin W.: The Soliloquy in German Drama. Diss. New York (Columbia University) 1915.

Samuel, Richard: Sturm und Drang. In: Die Religion in Geschichte und Gegenwart. Bd. 6. Tübingen [3]1962. Sp. 439–444.

Saviane, Renato: ›Kraftkerl‹ e ›Tugendheld‹. Friedrich Maximilian Klinger dai drammi dello ›Sturm und Drang‹ ai romanzi della maturità. In: Studi Germanici 7 (1969) S. 186–236.

Schäfer, Horst: Das Raumproblem im Drama des Sturm und Drang. [Diss. München.] Emsdetten 1938.

Scherrer, Max: Kampf und Krieg im deutschen Drama von Gottsched bis Kleist. [Diss. München.] Zürich 1919.

Scheuer, Helmut: Friedrich Maximilian Klingers *Sturm und Drang*. In: Dramen des Sturm und Drang. Interpretationen. Erw. Ausg. Stuttgart 1997 [u. ö.]. (Reclams Universal-Bibliothek. 8410.) S. 57–98.

Schmidt, Erich: Lenz und Klinger. Zwei Dichter der Geniezeit. Berlin 1878. [Rezensionen: *Anzeiger für deutsches Altertum und deutsche Literatur* 5 (1879) S. 375 (O. Erdmann); Beilage zur *Wiener Abendpost*, Nr. 186, 1879 (R. M. Werner); *Archiv für Litteraturgeschichte* 11 (1882) S. 611–625 (O. Brahm).]

– Klinger. In: Allgemeine deutsche Biographie. Bd. 16. Leipzig 1882. S. 190–192.

Schmidt, Henry J.: The Language of Confinement. Gerstenberg's *Ugolino* and Klinger's *Sturm und Drang*. In: Lessing Yearbook 11 (1979) [1980] S. 165–197.

Schulte-Strathaus, Ernst: Bibliographie der Originalausgaben deutscher Dichtungen im Zeitalter Goethes. München/Leipzig 1913. S. 196–217, bes. S. 200.

Seibert, Regine: Satirische Empirie. Literarische Struktur und geschichtlicher Wandel der Satire in der Spätaufklärung. Würzburg 1981.

Siegrist, Christoph: Satirische Physiognomiekritik bei Musäus, Pezzl und Klinger. In: Physiognomie und Pathognomie. Zur literarischen

Darstellung von Individualität. Festschr. für Karl Pestalozzi zum 65. Geburtstag. Hrsg. von Wolfram Groddeck und Ulrich Stadler. Berlin [u. a.] 1994. S. 95–112.

Smoljan, Olga: Friedrich Maximilian Klinger. Leben und Werk. Aus dem Russ. übers. von Ernst Moritz Arndt. Weimar 1962.

Snapper, Johan Pieter: The Solitary Player in Klinger's Early Dramas. In: The Germanic Review 45 (1970) S. 83–93.

Soulé-Tholy, J[ean]-P[aul]: Klinger et le grotesque. In: Études Germaniques 43 (1988) S. 3–14.

Steinberg, Heinz: Studien zu Schicksal und Ethos bei F. M. Klinger. Berlin 1941.

Stempel, Daniel: Angels of Reason. Science and Myth in the Enlightenment. In: Journal of the History of Ideas 36 (1975) S. 63–78.

Steumacher, Wolfgang: Klingers *Sturm und Drang*. In: Weimarer Beiträge 29 (1983) S. 140–160.

Stockmeyer, Clara: Soziale Probleme im Drama des Sturmes und Dranges. Frankfurt a. M. 1922.

Stolpe, Heinz: Die Auffassung des jungen Herder vom Mittelalter. Ein Beitrag zur Geschichte der Aufklärung. Weimar 1955.

Waidson, Herbert Morgan: F. M. Klingers Stellung zur Geistesgeschichte seiner Zeit. [Diss. Leipzig.] Dresden 1939.

Walz, J. A.: Sturm-und-Drang-Periode. In: Zeitschrift für deutsche Wortforschung 14 (1912/13) S. 18 f.

Wyneken, Friedrich A.: Rousseaus Einfluß auf Klinger. In: University of California Publications in Modern Philology 3,1 (1912) S. 1–85.

Zorn, Joseph: Die Motive der Sturm-und-Drang-Dramatiker, eine Untersuchung ihrer Herkunft und Entwicklung. Diss. Bonn 1909.

Nachwort

Für K. H. St.

> Alle ästhetische Thaumaturgie reicht nicht zu, ein unmittelbares Gefühl zu ersetzen, und nichts als die *Höllenfahrt* der *Selbsterkenntniß* bahnet uns den Weg zur *Vergötterung.*
>
> Johann Georg Hamann

> Brausen und Gähren hören von selbst auf.
>
> Gotthold Ephraim Lessing

»Löwenblutsäufer« wurde er in den siebziger Jahren des Genie-Überschwanges genannt, von Freunden wie von Feinden, halb bewundernd, halb spöttisch, unter Aufnahme und Übertreibung einer dramatischen Wortgebärde, die seine Übertriebenheit veranschaulichte. Friedrich Maximilian Klinger, der so Bezeichnete, hatte schon damals einen sinnbildlichen Lebensweg hinter sich, sinnbildlich für die Aufwärtsbewegung, das Aufwärtsstreben des deutschen Bürgertums im ausgehenden 18. Jahrhundert.

Als Sohn eines Frankfurter Stadtsoldaten 1752 geboren, im achten Lebensjahr durch den Tod des Vaters in die minderbegünstigte Rolle einer Halbwaise aus der untersten Schicht des Bürgertums gezwungen, hatte Klinger, der einzige überlebende männliche Nachkomme der Familie, eine wirtschaftliche, gesellschaftliche und erzieherische Ausgangsstellung, deren Schwierigkeiten und Hindernisse kaum ihresgleichen unter den literarischen Zeitgenossen findet. Während die jung verwitwete Mutter als Lohnwäscherin und durch einen Kramladen den bescheidenen Unterhalt der Unmündigen verdient, wird der Sohn durch einen glücklichen Zufall in die Frankfurter Oberschule aufgenommen, verdient seinen Platz dort – und spart später auch vielleicht noch einen Zehrpfennig für die zukünftigen Ausgaben der Studienzeit –, indem er die Schulheizung versorgt und trotz brüchiger Stimme am Kurrendesingen der ärmeren Schüler teilnimmt. Denkwürdig als Zeugnis dieses Aufwärtsstrebens um jeden Preis ist und bleibt der Lebensbericht, den der eben Volljährige schonungslos *und* empfindsam dem mitstrebenden Lenz in einem Brief ablegte – Mitteilungsbedürfnis und Vertrauensbeweis eines Außenseiters gegenüber einem ähnlich Behinderten – und von dem sich nur die Teilabschrift des Empfängers für Frau von Stein erhalten hat.[1]

Als Klinger 1772 die Oberschule abschließt und sich auf Universitätsstudien vorbereitet, steht er vor neuen Schwierigkeiten, die durch die Pflicht, Mutter und Schwestern zu unterstützen, nur noch gesteigert sind. Zwei Jahre vergehen in Frankfurt, ehe Klinger sich am 16. April 1774 als Student der Rechtswissenschaften in Gießen einschreibt, zwei Jahre, in die seine bedeutsame Begegnung mit Goethe und dessen Frankfurter Freundeskreis fällt. Goethes Einfluss hat Klinger es denn auch zu verdanken, dass er in Frankfurt mit durchreisenden Berühmtheiten der jungen Generation zusammengeführt wird; auf Goethes Empfehlung erhält er in Gießen bei dem entfernt mit den *Frankfurter Gelehrten Anzeigen* verbundenen Professor Höpfner seine Unterkunft; Handschriften Goethes schließlich, die Klinger zum Druck verkaufen darf, bieten ihm eine wer weiß wie nötige Aufbesserung seiner Mittel.

Wenig ist über Klingers Studium bekannt. Gießen gehörte zu den verrohtesten Hochschulen Deutschlands in jener Zeit. Immerhin zeigen die erhaltenen Dokumente, wie Klinger seine literarischen Interessen und Kenntnisse erweitert und vertieft, welche Freunde – menschliche und literarische Begegnungen – bestimmend in sein Leben treten, vorab die Freundschaft mit seinem lebenslangen Vertrauten, dem Darmstädter Ernst Schleiermacher. Während das Studium kaum je mit einem Wort zur Sprache kommt, spiegeln die Briefe die ersten Liebeserfahrungen Klingers. Und, was im Hinblick auf sein zukünftiges Schauspiel *Sturm und Drang* wichtig wird, von Anfang an zeigt Klinger sich in vielfältige Sentimentalitäten und Liebeleien verstrickt. Hier in den Briefen erscheint Klinger nicht als Verkörperung jener deckungsgleichen Einheit von Genie und Leben, als Aus-

1 Abgedruckt im *Goethe-Jahrbuch* 9 (1888) S. 10 f. u. ö.

druck eines Inneren, sondern er benutzt Mitmenschen zur eigenen gesellschaftlichen Aufwertung, zur Selbstbestätigung in einer höheren Schicht als der seiner Herkunft, ohne sich darum zu bekümmern, dass die eine oder andere der so in gesellschaftlichem Flirt Geliebten an der vermeintlichen Erfüllung zerbrechen mag, wie jene halbvergessene Albertine von Grün aus Hachenburg.

Im Frühjahr 1776, als Klinger sein fünftes Studiensemester beginnt, steht er als junger und nicht erfolgloser Dramatiker – jahrs zuvor hatten seine *Zwillinge* vor Leisewitzens *Julius von Tarent* Sieg und Preis im Hamburger Theaterwettbewerb davongetragen – in Verbindungen zum genialischen Kreis Goethes und seiner Gleichgesinnten, zu den empfindsamen Schriftstellern wie Johann Martin Miller, zu denen des Göttinger Kreises wie den Grafen Stolberg und – über den Frankfurter Jugendgefährten und nun Züricher Musiker Philipp Kayser – zum religiösen Sturm und Drang Lavaters in der Schweiz. Seines Studiums war Klinger damals völlig überdrüssig.

Ohne dass seine Briefe den Entschluss begründen, seine Hoffnungen und Lebenserwartungen umreißen, verlässt er Gießen und reist zu Goethe, den er schon gegen Ostern in Frankfurt wiederzusehen gehofft hatte. Die Unstimmigkeiten mit Höpfner, dem nicht Klingers literarischer Erfolg, sondern der genialische Ton und Lebensstil zuwider war, der nur sich und die Gesinnungsgenossen anerkannte und die restliche Welt als »Hundsfütter« abstempelte (Rieger 1880, S. 144), waren wohl ein Grund für diesen eruptiven Aufbruch; die genialische Angst vor bürgerlich geordneter Tätigkeit nach dem nicht mehr fernen Studienabschluss kam dazu; und schließlich war da jene, keineswegs auf Klinger allein beschränkte, utopische Hoffnung, im Umkreis Goethes am Weimarer Hof eine genialische Kommune zu stiften. Lenz, den Klinger wahrscheinlich in Frankfurt getroffen hatte, war bereits auf dem Weg nach dem allesversprechenden Weimarer Hofleben. Klinger folgte dem Trabanten Goethes als Trabant. In Erwartung des Geldpreises für die *Zwillinge* konnte Klinger noch weitere Anleihen aufnehmen, um seine Reise ins Ungewisse zu beginnen.

Als Klinger am 24. Juni abends in Weimar eintraf, wurden ihm zwar gastlich alle Türen geöffnet, doch bald auch schon jede verbindliche Zukunftshoffnung benommen. Der Plan einer genialischen Kolonie hatte sich für Goethe bereits zerschlagen, ja, mehr noch, diese Erfahrung hatte entscheidend sein Leben beeinflusst. Im Mai des Jahres hatte sich der beiderseits zornig geführte Briefwechsel zwischen Klopstock und Goethe entspannt, in dem der angesehenste ›Litterator‹ der Zeit dem genialischen Treiben in Weimar den Fehdehandschuh hingeworfen hatte, nachdem sein Gefolgsmann Friedrich Leopold Graf von Stolberg als Kammerherr in jenen Weimarer Trubel gezogen werden sollte. Der mitangegriffene Herzog Carl August verstand es, seinen Gefährten Goethe zu schützen, und ernannte ihn am 11. Juni zum Geheimen Legationsrat. Das neue und öffentliche Amt forderte den Tag Goethes; Klinger wird nur für »abends« oder »nachts« in Goethes Tagebuch als Besucher geführt.

So verbrachten Lenz und Klinger ihre Tage auf dem gemeinsamen Zimmer im Gasthaus »Zur Post«, in das Klinger – wieder einmal aus wirtschaftlichen Gründen – bald hatte übersiedeln müssen, nachdem er zunächst in den teuersten Häusern abgestiegen war. Kontakte zum Weimarer Hof wie zu dort anwesenden Fürstlichkeiten blieben unverbindlich; unter dem Einfluss Wielands und der Herzoginmutter Anna Amalia wurden Klingers Gedanken auf eine militärische Laufbahn gerichtet; der Kapitän von Knebel gab ihm bereitwillig Nachhilfestunden in Taktik, Strategie und Exerzierkunst, denn Klingers Hoffnungen gingen natürlich auf eine höhere Führungsrolle im Heer. Preußen, auf das sich diese ersten Hoffnungen richteten, lag allerdings derzeit in Frieden und hatte kaum ein genügendes Angebot an militärischen Stellen für den Bedarf des adligen Nachwuchses aus dem eigenen Land. Ebenso zerschlug sich der nächste Plan, eine Offiziersstelle für Klinger in den deutschen Mietstruppen zu erlangen, die auf der englischen Seite am Amerikanischen Unabhängigkeitskrieg teilnahmen. Der Herzog von Braunschweig, Vater der Weimarer Herzoginmutter, verdiente ein gutes Sümmchen mit diesem Menschenhandel. Ein Angehöriger des Goethe- und Klinger-Kreises, der Major von Lindau, schrieb bereits von den in ersten Schlachten verdienten Sporen.

In der Ungeduld des Abwartens bildete sich dann der Plan einer Schauspielerlaufbahn, als der Druck der *Zwillinge* in Weimar bekannt und eine Aufführung – wohl auf dem Liebhabertheater der Herzoginmutter – für den Spätherbst ins Auge gefasst wurde. Wieland, der in Klinger Theaterbefähigung sah, schlug zudem eine Bewerbung um Aufnahme in die Theatergesellschaft am Mannheimer Hofe vor, die Kurfürst Carl Theodor eben zusammenstellte.

Die übermäßige Freizeit des Müßiggängers wird wiederum ausgefüllt mit Liebeleien: hie zu einer mutwilligen Weimarer Caroline, hie mit der Eisenacher Reisebekanntschaft Emilie – alles »mit so weniger Passion als möglich«, wie ein Brief der Zeit es selbstbeherrscht ausspricht. In der Ferne stand die Erinnerung an Schleiermachers Darmstädter Schwester Henriette, die schon genannte Albertine von Grün und eine ungenannte Offenbacherin, deren Silhouette auch Goethes – nicht nur physiognomischen – Interessen entsprach. Und weiter berichtet ein Brief: »mit den Adlichen Fräuleins und Weiber vertrag ich mich gut«. Mehrere Reisen führten nach Gotha – und blieben gleichermaßen erfolglos, wenn man von Mädchenliebelei und Männerfreundschaft absieht. Dazu nahm das bescheidene Reisegeld stetig ab.

Hatten aber nicht die *Zwillinge* einen Preis gewonnen? Konnte Schröder nicht für weitere Arbeiten Klingers interessiert werden und dem Verfasser so Geld und Geltung verschaffen? »Im Drange nach Tätigkeit« (Klinger an Goethe, 1814) entstand so ein neues Stück mit dem Arbeitstitel *Der Wirrwarr.* Dass dieses Stück erst in Weimar begonnen wurde, lässt sich aus Wielands Brief an Merck vom 17. Oktober 1776 ersehen (Rieger 1880, S. 177). Und dieses Stück war nicht nur eine literarische Tour de Force; es wurde vor dem Weimarer Freundes- und Bekanntenkreis gedichtet als Kompensation eines unerfüllten Geltungsbedürfnisses.

Geltungsbedürfnis um jeden Preis war dann auch wohl der Grund für den Bruch, der in der Freundschaft mit Goethe eintrat und der Goethe am 16. September in fast gleichlautenden Briefen an Lavater und Merck zu den harten Ausdrücken führte; spricht er doch von Klingers »Heterogenität«, Klinger sei »wie ein Splitter im Fleisch, er schwürt, und wird sich herausschwüren« (ebd., S. 164). Hilfeheischendes Geltungsstreben veranlasste Klinger ebenso, dem in Gotha getroffenen Christoph Kaufmann aus Winterthur sein Stück vorzulesen, es ihm fast aufzudrängen. Der 23-jährige Kaufmann teilte die überschätzende Selbstauffassung der Genies und verstand sie als religiöse Sendung für sich; als ›Genieapostel‹ und ›Gottesspürhund‹ im Auftrage Lavaters sah er sich als zweiten Petrus und fischte wie jener nach wahren Menschen. So verband er die religiöse Innigkeit der Lavater'schen Genieauffassung mit der gegen die herkömmliche Gesellschaft gerichteten, ungestüm innerweltlichen der deutschen ›Litteratoren‹ und erreichte mit dieser prekären Mischung einen für das Jahrhundert Casanovas wie Cagliostros typischen Anklang, bis die Zeit sich über ihn hinweg entwickelte. Kaufmann zeigte Verständnis für Klinger: den Menschen, den Dichter und sein jüngstes Dichtwerk; nur mit dem Titel nicht einverstanden, ›drangte‹ er ihm den epochemachenden des *Sturm und Drang* auf, wie Klinger 1814 – also ganze 38 Jahre später – im Brief an Goethe mit einem Wortspiel schrieb. Mochte die Bekanntschaft mit Kaufmann auch nochmals angenehme Tage in Gotha, Weimar und Dessau für Klinger ergeben, Schlaglichter der Geltung auch auf ihn als den Begleiter des Angestaunten fallen lassen, wirtschaftlich stand Klinger vor dem Ruin. Die Berufspläne der Herzoginmutter, Wielands und Kaufmanns – der ihn beiläufig als Hofmeister nach Russland vermitteln wollte – lösten sich nicht ein; Goethe konnte Klinger kaum mehr als die kalte Schulter zeigen, sosehr er auch für den Augenblick von Kaufmann hingerissen war, und diese unterschiedliche Behandlung der Reisegefährten blieb Klinger lebenslang in Erinnerung. Klingers geborgtes Geld war wohl längst aufgebraucht. Die Sorgfalt, die er auf seine äußere Erscheinung wandte und von der die Briefe an Schleiermacher ein seltsam beredtes Zeugnis ablegen, wurde durch die begrenzten Mittel beeinträchtigt. Klinger musste befürchten, sein Gesicht vor der Weimarer Gesellschaft zu verlieren. Zu allem Überfluss war auch noch die Mutter krank geworden; die jahrelange Arbeit als Lohnwäscherin hatte ihr die Gicht in den Händen eingebracht; der Unterhalt der Familie war dadurch erneut gefährdet. Ihre Hoffnung richtete sich auf den Sohn und Bruder, der ihr den Abbruch seines Studiums wahrscheinlich mit dem Hinweis auf baldige, feste und gut besoldete Anstellung schmackhaft zu machen versucht hatte. Als Klinger unter diesen Umständen Weimar verließ und sich nach Leipzig begab, war es daher ganz natürlich, dass er Abel Seylers Angebot dankbar annahm, gegen 500 Reichstaler jährlich, frei Tisch und Logis, als Theaterdichter für Seylers Schauspielergesellschaft angestellt zu werden. Seyler, der Kaufmann, Kapitalist und Manager unter den deutschen Theaterleuten des 18. Jahrhunderts, machte sein Angebot allerdings kaum wegen des eben fertigen Stücks, sondern um den Verfasser, dessen Name durch den Gewinn des Schröder'schen Theaterwettbewerbs in ganz Deutschland zugkräftig geworden war, monopolistisch an sein Unternehmen zu binden.

Immerhin war *Sturm und Drang* die erste theatralische Leistung Klingers, die Abel Seyler mit dem neuen Theaterdichter einkaufte. Nachdem die Truppe die Leipziger Michaelismesse verließ und nach Dresden, ihrem festen Standort, zurückkehrte, konnte Klinger seinem Freund Schleiermacher mitteilen, dass *Sturm und Drang* bereits »kommende Woche« – d. h. im November 1776 – aufgeführt werden solle. Berichte über diese mutmaßliche Uraufführung sind jedoch nicht bekannt geworden. Als die Seylersche Truppe dann zur Ostermesse wieder nach Leipzig überwechselte, eröffnete sie am Dienstag nach Ostern, dem 1. April 1777, ihre Leipziger Aufführungen mit diesem Stück. Besonderen Eindruck machten der Mohrenjunge und der »wahnwitzige Lord« Berkley, wie das *Theaterjournal* berichtete. Das Publikum fühlte sich also vornehmlich von der sentimentalen Kinderrolle und der Zuständlichkeit des alten Berkley angezogen, nicht etwa von dem stürmisch-genialen Paar Wild und Schiffskapitän. Das ist eine interessante Feststellung für die mangelnde Aufnahmebereitschaft, die das Publikum der Klinger'schen Selbstaussage entgegenbrachte, die sich ja eben in jenen jugendlichen Rollen ausspricht. Mag es auch verständlich dadurch erscheinen, dass die Rolle Berkleys mit dem ersten Helden und Publikumsliebling der Seyler'schen Schauspieler, David Borchers, besetzt war, so erscheint es wichtig, an Heinrich Leopold Wagners Besprechung der Frankfurter Aufführung zu sehen, dass hier ebenfalls die Rolle Berkleys gegenüber heutigem Empfinden außergewöhnlich aufgewertet war. Seylers Truppe hatte bald nach der Leipziger Ostermesse eine Tournee durch das Rheinland angetreten. Neben wenigen ausländischen Dramen und unter etwa einem Dutzend anderer deutscher Originalschauspiele stand auch *Sturm und Drang* auf dem Programm, so dass man annehmen darf, dass dieses Repertoirestück wohl auch in den meisten Orten gespielt wurde. Da Nachrichten über einzelne Aufführungen sonst fehlen, erhält Wagners Bericht von der Frankfurter Vorführung einen stellvertretenden Wert, der sich noch dadurch erhöht, dass der Berichterstatter zu den schöpferisch tätigen Dramatikern jener Gruppe gehört und ein persönlicher Bekannter Klingers ist. Seine eingehende Inhaltsangabe bezeichnet die sentimentale Haltung, aus der das Stück mitfühlend erlebt wurde. Und seine präzisen Angaben über die Theaterform weisen auf die Darbietung hin, die zeittypisch immer noch das abschließende Ballett zur Befriedigung des Publikumsgeschmacks verlangte. – Möglicherweise stammte dieses kaum vorstellbare Ballett von Christian Gottlieb Neefe (1748–1789), dem Kapellmeister der Seylerschen Truppe und späteren Lehrer Beethovens. – Dennoch war, zumindest in Frankfurt, bei schlechtem Besuch des Theaters der Erfolg des Stückes nicht so, wie Wagner ihn dem Wert des Schauspiels gemäß erwartet hatte.

Bei all dem darf man nicht vergessen, dass das Publikum hier einem noch ungedruckten Stück gegenüberstand. Die langen und fast genau mit dem Druck übereinstimmenden Zitate bei Wagner zeigen, dass er seine Besprechung in unmittelbarer Nähe Klingers vornahm und Einblick in das Manuskript oder die ersten Druckbogen hatte.

Noch vor Ende des Jahres 1777 erschien der Druck in schmuckloser Ausstattung. Die Jahreszahl »1776« unter der Titel- und Autorangabe bezog sich also auf das Entstehungsjahr. Dagegen fehlen alle Angaben zum Druckort, Druckjahr und Drucker. Außer Zierleisten vor Akt 1 und am Schluss von Akt 5 fehlt jeglicher Schmuck. Der sparsame Druck lässt neue Akte nicht einmal auf einer neuen Seite beginnen. Alle diese Eigenarten der Einrichtung wie auch die verwendeten typographischen Mittel stimmen mit der *Sammlung neuer Original-Stücke für das deutsche Theater*[2] überein und erlauben dadurch die Feststellung des Druckers Decker. Unter den sieben Stücken der Sammlung befinden sich zwei von S. F. Schletter, dem

2 *Sammlung neuer Original-Stücke für das deutsche Theater*, 2 Bde., Berlin/Leipzig 1777/78.

Souffleur der Seylerschen Truppe, so dass man vermuten darf, dass Klinger über Seyler oder Schletter mit dem Verlag Deckers Verbindung aufnahm. Ein Teil der Auflage scheint sogar *Sturm und Drang* zu enthalten, wenn man den Rezensionen und älteren Beschreibungen Glauben schenkt. So muss geschlossen werden, dass Klingers Stück ursprünglich für den Abdruck in der *Sammlung* – und zwar wegen des zugkräftigen Verfassernamens als erstes Stück im ersten Band! – bestimmt war und dann aus unbekannten Gründen nur für einen Teil der Auflage verwendet wurde, sonst aber als Einzeldruck zur Auslieferung kam. Ob Klinger für diesen Druck Korrekturen las – was bei der Wanderschaft der Seylerschen Truppe sicher mit großen Schwierigkeiten verbunden gewesen wäre –, ist in Anbetracht der genialischen Briefe an Boie unwahrscheinlich, aus den erhaltenen Dokumenten jedenfalls nicht zu ersehen, womit nur festzustellen bleibt, dass *Sturm und Drang* der unzuverlässigste Erstdruck Klingers ist. Im 3. Akt beginnt die große Flüchtigkeit: in III,2,9 fehlt die Angabe *Vorige*, in III,3 *der Mohr*, in III,4,6,8 das gesamte Personenverzeichnis. Der 4. Akt hat ab Szene 3 eine falsche Szenenzählung, in Szene 1 und 2 fehlt das Personenverzeichnis und Szene 7 die Angabe *Vorige*. Der 5. Akt macht wiederum einen sorgfältigeren Eindruck; nur in den Szenen 2, 11 und 12 fehlt die Angabe *Vorige*.

Sturm und Drang erschien dann in der in Wien herausgegebenen Serie *Deutsche Schaubühne* und als Baseler Nachdruck von 1780. Möglicherweise ist Klinger, der während des Bayerischen Erbfolgekrieges in der Nähe der österreichischen Grenze in Garnison lag und sich 1780 in Basel aufhielt, an der Herstellung dieser Nachdrucke beteiligt gewesen. Während seiner zweiten Lebenshälfte, die Klinger als höherer Beamter am russisch-kaiserlichen Hof verbrachte, ist *Sturm und Drang* nur noch einmal neu gedruckt worden, als Klinger 1786 bei Hartknoch in Riga seine *Theater*-Ausgabe veranstaltete. Hier ist der Text von allerlei Druckfehlern bereinigt und in Einzelheiten normalisierend verändert. Auffällig sind dabei die typographische Verwendung des Apostrophs, die Großschreibung der Anredefürwörter, die häufige Zusammenschreibung der zusammengesetzten Hauptwörter und die Änderung der Höflichkeitsformen. So redet Wild hier Berkley als ›Mylord‹ an, während er von diesem immer als ›Sir‹ angesprochen wird.

Etwa zur selben Zeit muss Klinger festgestellt haben, dass sein Schauspieltitel, den er selbst schon 1776/77 brieflich in übertragener Bedeutung zur Bezeichnung seines seelischen Zustandes verwendet hatte, inzwischen eine Fülle von satirischen und parodistischen Verunglimpfungen des Geniewesens nach sich gezogen hatte. Noch der Brief von 1814 an Goethe findet ein bitteres Wort dafür. Jedenfalls stand Klinger davon ab, das Stück je wieder in seinen späteren Werkausgaben abzudrucken. Die nächsten Neudrucke setzen erst lange nach Klingers Tod mit der fachwissenschaftlichen Bemühung der neueren deutschen Literaturgeschichte um die Goethezeit ein.

Rezensionen, die das Stück nach den Drucken besprachen und bekannt machten, konnten sich nicht auf einen Eindruck von einer Bühnendarstellung stützen. Es scheint, dass *Sturm und Drang* außerhalb der Seylerschen Truppe nirgends gespielt wurde. Auffällig ist, dass die meisten Rezensenten offenbar das Stück nicht bis ans Ende lasen, sondern vom Titel und der Eingangstirade Wilds bereits abgestoßen wurden. Der Titel und diese wenigen Eingangssätze wurden denn auch zum Gegenstand einer Fülle von Parodien und Satiren. Umgekehrt fanden die Leser des ganzen Stückes ihre vom traditionellen Theater herkommenden Erwartungen an ein analytisch angelegtes Schauspiel nicht erfüllt und gaben deshalb ihr absprechendes Urteil ab. So entsteht als Fazit die befremdliche Beobachtung, dass die Ausbreitung der Titelgebärde auf die Gruppe der genialischen Schriftsteller sich nicht einmal auf das vorliegende Stück, sondern höchstens zwei seiner Einzelelemente bezieht. ›Sturm und Drang‹ ist nicht Ausdruck des von der Gruppe getragenen Selbstverständnisses, sondern eine willkürlich tendenziöse, ihr plakatartig angeheftete Etikettierung.

Nachahmungen des Stückes, die von einer positiven Einstellung zu ihm gezeugt hätten, blieben verständlicherweise aus. Nur in Handlungsführung und Stoffelementen hat Heinrich Ferdinand Möller (1745–1798), der gleichfalls zu Klingers Zeit mit Seylers Truppe verbunden war, *Sturm und Drang* für sein *Wickinson und Wandrop* ausgebeutet. Und gerade gegen Möller, den Verwässerer, richten sich mancherlei grausam anti-genialische Satiren – wie die des pseudonymen Schnirkel –, die ihrerseits den Klinger'schen Titel polemisch aufgriffen und so die Gruppen- und spätere Epochenbezeichnung vorbereiteten.

Es war nötig, die Lebensumstände Klingers ausführlich heranzuziehen, um zu erweisen, dass *Sturm und Drang* zwar auf der Subjektivität und Biographie des Verfassers beruht, nicht aber ihr Abbild ist, sondern ihr kompensatorisches Gegenbild schafft. Während Klinger als Stückeschreiber in seinem *Sturm und Drang* die dumpfe Moritat von aufeinanderprallenden Extremen der Subjektivität mit dem Hohenlied der die Subjektivität erfüllenden und überwindenden einzigartigen Liebe verflicht, steht der Mensch Klinger im unerfüllten Streben nach einer bürgerlichen Anstellung, bemüht sich also, die Ordnungen für sich gültig zu machen, die er von seinen Dramengestalten so herausfordernd abgestreift hat. Und statt der Erfüllung einzigartiger Liebe wie im Stück zeigt des Verfassers Leben eine fortdauernde Kette von vielfältigen und gleichzeitigen Liebeleien. Zu den bereits genannten Frauen treten für die Zeit bei der Seylerschen Truppe einige weitere, darunter jene noch auf Sachsen verweisende ›Psyche‹, dann eine namentlich Verschwiegene, die ihm sinnliche Befriedigung bot – wie Briefe an Wilhelm Heinse es unverblümt aussprechen und zur Nachahmung empfehlen –, und schließlich, wenn man dem Klatschbrief der tratschsüchtigen Madame Möller vertraut, die Frau seines Prinzipals, Louise Seyler.

Klingers *Sturm und Drang* ist ›ästhetische Thaumaturgie‹ im Sinne Hamanns, d. h. ein unzulängliches Trugspiel ohne vollen, letztlich religiös-geistigen Selbsteinsatz; die ›Höllenfahrt der Selbsterkenntniß‹ wird bei dem leichtfertigen Spiel mit literarischen Klischees wohlweislich vermieden. Und wenn dennoch eine ›Vergötterung‹ als Endziel des Stückes sich mitteilen möchte, so befremdet die Willkürlichkeit ihrer Setzung, die übertrieben subjektivistische Haltung eines dramatischen ›man kann, was man will‹.

Als Fanfare einer literarischen und geistesgeschichtlichen Bewegung zu gelten, für die sein Titel das etikettierende Schlagwort abgibt, genießt Klingers *Sturm und Drang* als Vorrecht und bezahlt diese Auszeichnung mit dem Nachteil, selten gelesen und fast nie gespielt zu werden. Ein Theaterstück ohne Bühne also, eine Lektüre, die sich weniger auf das Stück als auf das Interesse an der unter seinem Titel erfassten Bewegung bezieht: das ist der Ort, den dieses Drama Klingers in der Vorstellung der Nachwelt einnimmt.

Für die Deutung des Stückes wird es daher gut sein, nicht nur die Bezüge zu der allgemeinen Geniegruppe, sondern zumindest ebenso sehr den Einzeltext ins Auge zu fassen. Sicherlich erlauben die auffälligen Abweichungen von der Norm und Form des herkömmlichen Theaters den Brückenschlag zu Goethes Nachbemerkung zum Druck der dramentheoretischen Schrift des Louis-Sébastien Mercier, deren deutsche Übersetzung Heinrich Leopold Wagner besorgt hatte. Goethe notierte dort:

> »Deßwegen giebts doch eine Form die sich von jener [äußeren] unterscheidet, wie der innere Sinn vom äussern, die nicht mit Händen gegriffen, die gefühlt seyn will. Unser Kopf muß übersehen, was ein andrer Kopf fassen kann, unser Herz muß empfinden, was ein andres füllen mag. Das Zusammenwerfen der Regeln giebt keine Ungebundenheit, und wenn ja das Beyspiel gefährlich seyn sollte, so ists doch im Grunde besser ein verwornes Stück machen, als ein kaltes.«[3]

Goethes Bemerkungen, die auf die Bedeutung, den Eigenwert der ›inneren Form‹, ja ihrer Vornehmlichkeit über die äußere verweisen, spiegeln die Kunstauffassung jener Gruppe von Originalgenies, für deren Bezeichnung spätere Jahre den Dramentitel Klingers aufgriffen. In der Tat sind Goethes Worte etwa auf dieselbe Zeit wie Klingers Stück zu datieren und erscheinen in ihrem Hinweischarakter für gleichstrebende Dramatiker wie eine Vorausdeutung auf *Sturm und Drang*. Sein ursprünglicher Titel *Der Wirrwarr* spiegelt sogar Goethes Wortgebrauch, der das verworrene dem kalten Stück gegen-

3 Louis-Sébastien Mercier, *Neuer Versuch über die Schauspielkunst*, Leipzig 1776, S. 485.

überstellt und es ihm vorzieht. Dabei darf daran erinnert werden, dass ›verworren‹ ein Schlüsselwort jener Jugend war – so hatte etwa der junge Goethe anfangs Oktober 1774 an Sophie La Roche geschrieben: »ich bin Stürmisch, verworren und hafte doch nur auf wenig Ideen«[4] – und ebenso ›Wirrwarr‹, das als Neubildung nach dem Typus von i-a-Kinderwörtern (Singsang, Bimbam, Piffpaff) sich erst in dieser Zeit ausbreitete.

Der spätere Titel geht hingegen – so heißt es – auf den zeitweiligen Lebensgefährten Klingers zurück, den Kraft- und Genieapostel Christoph Kaufmann, der die ursprüngliche Titelbezeichnung zeitgerecht so ummünzte. Das Bühnenstück, als das es zunächst gedacht war, wurde damit um den Ausdruck einer Seelenlage, der geistigen Zuständlichkeit dieser Generation bereichert.

Woher aber stammt diese Bezeichnung, die in ihrer eindrücklichen Doppelform vorab den äußeren, unpersönlichen Sturm des Geschehens mit dem persönlichen, aus dem Innern des Einzelmenschen kommenden Drange und der Bedrängnis vereint? Eine eifrige Wortphilologie, deren Ergebnisse Rudolf Hildebrandts bedeutender Artikel »Genie« im *Deutschen Wörterbuch* verzeichnet, gibt als früheste Belege zwei Briefe Lavaters an Herder aus den Jahren 1773 und 1774 an (»aus Sturm und Gedränge heraus«, 30. Dezember 1773, bzw. »aus dem Sturme der Erbtheilung, der Reiseanstalten, und einer unausstehlichen Gedrängtheit heraus«, 7. Juni 1774).[5] Im religiösen Ausdrucksbereich Lavaters wie Herders gehören die Vokabeln des ›Sturms‹ und des ›Dranges‹ zum Kernbestand des Wortschatzes. So hatte Herder schon 1761 von der »Sprache des Sturms der Wahrheit und der Empfindung«[6] geschrieben; und Lavaters *Physiognomische Fragmente*, die ja den einflussreichsten Hinweis auf Klingers Stück enthielten, verwenden das Wort ›Drang‹ in einer damals einzigarti-

4 Johann Wolfgang Goethe, *Werke. Weimarer Ausgabe*, 4. Abt.: *Goethes Briefe*, Bd. 2: *Frankfurt, Wetzlar, Schweiz (1771–1775)*, Weimar 1887 [reprogr. Nachdr., München 1987], S. 201.

5 Zit. nach: *Briefe an Herder von Lavater, Jacobi, Forster u. a.*, hrsg. von Heinrich Düntzer, Frankfurt a. M. 1858, S. 76 bzw. 105.

6 Johann Gottfried Herder, *Ausgewählte Werke*, hrsg. von Bernhard Suphan, Bd. 4, Berlin 1887, S. 426.

gen Häufigkeit. So entsteht der Eindruck, dass Kaufmann gängige Vokabeln des Lavater-Kreises auf Klingers Stück anwandte.

Allerdings muss man sich dabei stets die Tatsache vor Augen halten, dass diese Titelautorschaft Kaufmanns nur auf dem einzigen Zeugnis von Klingers polemischem Brief beruht, den er 1814 – also 38 Jahre später! – an Goethe schrieb. Unbekannt ist es, wie Lavater Kenntnis von Klingers noch ungedrucktem Stück erhielt. Vielleicht war Klingers Freund, der in Zürich lebende Musiker Philipp Kayser, hierfür der Mittelsmann. Jedenfalls hat der sonst gern angeberische Kaufmann an keiner Stelle des erhaltenen Briefwechsels seine Patenschaft am Titel dieses Stückes erwähnt. Andererseits zeigt ein Brief Sulzers an Zimmermann von der Mitte des Jahres 1777 über den Eindruck, den Kaufmann auf ihn gemacht hatte, auch die Tragkraft jener Bezeichnungen für das neue Menschenbild:

> »Er ist wirklich ein lebendes Beispiel von einem Menschen, wie Herder sie haben will: voll Feuer, Drang, innerer und äusserer Kraft, die, weil es ihnen an Richtung fehlet, welche die Vernunft allein geben kann, ganz verworren durcheinander rasen, ohne auf einen bestimmten Zweck zu zielen.« (Düntzer 1882, S. 97.)

Man mag unter den Bedeutungsanklängen, die der Titel von Klingers Drama hat, eine Stelle aus Hamlets Anweisungen an die Schauspieler sehen (III,2): »for in the very torrent, tempest and – as I may say – whirlwind of passion, you must acquire and beget a temperance, that may give it smoothness«.

Mit Lavater, dem ›neuen Christus‹, der den Kraftapostel Kaufmann in sein Amt einsetzte und ihn in die Welt aussandte, und ebenso mit Herder rücken wir in den Bezirk des Religiösen. Es erscheint daher als eine nützliche Ergänzung zur Herkunftsbestimmung, wenn man auf die Bibel zurückgreift. Die einzige Verwendung des Wortes ›Drang‹ in Luthers deutschen Schriften – zudem in einer Doppelform wie in Klingers Titel – ist, nach Philipp Dietz,[7] die

7 Philipp Dietz, *Wörterbuch zu Dr. Martin Luthers deutschen Schriften*, 2 Bde., Leipzig 1870–72.

Psalmenübersetzung »Warum verbirgest du dein Antlitz, vergissest unsers Elendes und Dranges?« (Psalm 44,25), eine Stelle, die ähnlich wie in Psalm 10,11 und 13,2 das Bild des schlafenden und vergessenden Gottes heraufbeschwört, der den Menschen seiner menschlichen Daseinsqual ohne Hilfe aussetzt. (Interessant ist dabei noch, dass jüngere Ausgaben seit dem Pietismus statt Luthers ›Drang‹ das Wort ›Drangsal‹ setzen, eine Neuerung, die kaum für den Schweizer Lavater gültig war.) Und ferner liest man beim Propheten Nahum 1,3 in Luthers Übersetzung »Er ist der Herr, des Weg in Wetter und Sturm ist und Gewölke der Staub unter seinen Füßen«. Dabei wird auf entsprechende Gottesbeschreibungen in 2. Mose 34,5–7, Psalm 18,10–14 und Jesaja 66,15 hingewiesen, wie sie für die deutsche Literatur am wirksamsten durch Klopstocks hymnisches Sprechen wurden. In derselben, noch hinter der Säkularisation religiös durchscheinenden Gestimmtheit hatte auch Goethe kurz zuvor das Wort an entscheidender Stelle verwendet, und zwar im Vorbericht des fiktiven Herausgebers der *Leiden des jungen Werthers*: »Und du gute Seele, die du eben den Drang fühlst wie er, schöpfe Trost aus seinem Leiden.«

Allerdings scheint sich nun ein Einwand zu erheben: die Bibelstellen wie Klopstocks Dichten beziehen diese Umschreibungen stets auf Gott – Nahum sogar ausdrücklich auf den rächenden Gott vor dem Untergang Ninives; Klingers Drama wie die Stücke seiner Kunstgenossen aber handeln und sprechen vom Menschen in seiner besonderen, kraftgenialischen Conditio humana. Und doch vertrat ja gerade diese Generation die Gottgleichheit des Menschen und umwarb begierig das Protestsymbol des Prometheus. Gottesebenbürtigkeit des Menschen, die qualitative Gleichsetzung des Schöpfergottes mit dem schöpferischen Einzelgeschöpf; zu diesem Glaubenssatz der Stürmer und Dränger kommt für Klingers Stück die Tatsache hinzu, dass die Existenz Gottes für den Ablauf des Geschehens so gut wie ausgeklammert ist.

Jeder Mensch ist seines Glückes Schmied; und so entsteht bei Klinger ein Bild des Lebens, das zwar den Schicksalsbegriff nicht völlig aufgibt, ihm aber eine äußerst triviale Rolle zuweist, die letztlich von dem oder jenem Einzelmenschen – und nur von ihm – abhängt. So stellt Klingers Stück eine Entwicklung dar, die im ›Wiedererkennen‹ – der aristotelischen Tugend der Anagnoresis – eine Wahrheit entdeckt, erweist und dadurch ein Missverständnis korrigiert. Dieses Missverständnis aber, der Anlass der Verwirrung wie des Wirrwarrs, ist als solches banal, übertreibt jedoch eben darin die Sinnlosigkeit jenes Schicksals, das sich durch rechtzeitige, vernünftige Warum-Fragen schon früher entblättert hätte. Der Ort und Zeitpunkt des Wiedererkennens und damit auch der Versöhnung sind zufällig und nur locker auf den herkömmlichen Gegensatz von Hochzeit und Tod fixiert. Nach der Sinngebung der Einzelschicksale bewirken das Wiedererkennen und die Versöhnung die Katharsis. Was übrig bleibt für das gesamte Stück ist die Bedeutung des Einzelnen und seiner Stellung zur und in der Gesellschaft für die richtige – und das heißt in der Geniezeit: privat ursprüngliche – Lebensweise. Dabei werden Bedeutungskreise angespielt, die elementar sind und daher nicht mehr Präzisierung als eine vage Umschreibung verlangen. Es handelt sich um das Verhältnis zur Familie, in die man geboren ist, und zu der, die man selbst gründen kann. Mit anderen Worten, es geht um das angeborene Pflichtverhältnis zu den Eltern und um das selbstgewählte in der Liebe. Das ist freilich bescheiden, wenn man dieser Auffassung Kants Gegensatz von Pflicht und Neigung gegenüberstellt; doch wird die Haltung bemerkenswert, die Klinger als Lösung dieses Konflikts verwendet und anrät. Im Gefolge des Irrationalismus ist es die bewusst hyperbolische Liebe, wie sie dem extrem gesteigerten Wert des Individuums entspricht. Indem der Liebe diese Wirkung eingeräumt wird, gewinnt Klinger im Komödienschluss die kraftgenialisch bestmögliche Welt, während Lenz die Unmöglichkeit eben dieses einzigen Ausweges beklagte, als er schrieb:

> »Die größte Unvollkommenheit auf unserer Welt ist, dass Liebe und Liebe sich so oft verfehlt und nach unserer physischen, moralischen und politischen Einrichtung sich fast immer verfehlen muss. Dahin sollen alle vereinigten Kräfte streben, die Hindernisse wegzuriegeln; aber leider ist's unmöglich.«[8]

8 Zit. nach: Robert Hassenkamp, [Rez.], in: *Euphorion* 3,2 (1896) S. 527–540, hier S. 539 [Rezension zu: Franz Waldmann, *Lenz in Briefen*, Zürich 1894].

Klinger erreicht seine Lösung des Happy End dadurch, dass er die ›physische, moralische und politische Einrichtung unserer Welt‹ bewusst außer Acht lässt und sein Stück in einer reinen Zuständlichkeit ansiedelt, für deren Verlebendigung die Gestalten wie typische Tupfer von derselben Palette angebracht sind. Erstmals in Klingers dramatischem Schaffen gibt der Titel – und zwar sowohl der ursprüngliche als auch der später gedruckte – keine Gestalt, keinen Helden an, mit dem der Verfasser sich vornehmlich identifiziert, sondern eben einen seelischen Zustand, der Klingers Hoffen und Wünschen Ausdruck verleiht und ihn von seiner begrenzten Umgebung in der Lebenswirklichkeit befreit.

Auf seltsame Art verwendet Klinger alle Wirklichkeitsverweise. Amerika – London – »Pyrenäisches Gebürge aus Frießland« – Russland – Spanien – der »Mogol« – Yorkshire – Schottland – Madrid und Holland schaffen eine bunt zusammengewürfelte, phantastisch verwirrende Geographie, deren Welt trotz der welthaften Namen eben durch die Art der Anordnung einen weltlosen Eindruck hinterlässt. Amerika ist der Schauplatz, heißt es am Ende der Personenliste, die selbst ziemlich willkürlich angeordnet ist. Diese einzige Bühnenanweisung deutet auf den zeitgeschichtlichen Hintergrund, der damals häufiger literarisch aufgegriffen wurde.[9] Bei Klinger wird zwar auf den Kampf um Freiheit und Unabhängigkeit angespielt, doch bleibt es bei diesem allgemeinen Hinweis. In der Tat muss man schon sehr genau aufmerken, um zu bestimmen, auf welcher Seite der kämpfenden Parteien die Personen dieses Stücks stehen, während Klinger selbst 1776 Offiziersdienste bei der britischen Armee suchte und dann 1779 über Benjamin Franklin bei der amerikanischen. Kurz, der Hintergrund der Kriegssituation wird von Klinger nur deshalb aufgegriffen, um auch im öffentlichen Leben eine Parallele zu jenem Streben nach Freiheit und Unabhängigkeit zu erzielen, das seine Gestal-

9 So hob der *Almanach für deutsche Musen auf das Jahr 1779*, S. 100 f., zu Joseph Marius Babos *Das Winterquartier in Amerika*, ein Originallustspiel in einem Aufzuge, Berlin 1778, lobend hervor, dass es »keines von denen Stücken ist, die sich durch Anspielung auf jetzige Zeitläufte verkaufen wollen«.

ten beherrscht. Deshalb – und nicht nur aus Erwägungen der Aufführbarkeit! – wird die Schlacht zwischen zwei Aufzüge gelegt und die gegnerische Seite überhaupt vom Erscheinen auf der Bühne ausgeschlossen. Dadurch müssen wiederum die Gestalten des Stücks in ein besonderes Licht rücken. Ihr Auftreten ist nicht bestimmt durch eine soziale Rolle und von der entsprechenden Wirklichkeits- und Gesellschaftsfunktion; Autoritäten einer gestuften Ordnung fehlen hier. Ein General wird einmal beiläufig erwähnt; und jene Autorität, die die Verbannungen aussprach, von der in der letzten Szene die Rede ist, wird dort nicht einmal angegeben, sondern muss aus einer emphatischen Bemerkung Berkleys am Ende des 2. Aktes als der König erschlossen werden.

Klingers Gestalten sind Individuen im vollen Sinne des Wortes: unabhängige Einzelne, die, aus den geordneten Bahnen eines herkömmlichen Lebens gerissen, im Selbsteinsatz ein ihnen gemäßes Leben suchen. Für die Hauptgestalten besteht dieser Einsatz in der freiwilligen Aufnahme des Kriegsdienstes auf Leben und Tod; die Nebengestalten sind gerade dadurch von jenen abgehoben, dass für sie diese Entscheidung nicht besteht. Der fast vollständige Indeterminismus, der außergesellschaftliche Subjektivismus erlauben es Klinger denn auch, seiner Hauptgestalt in einem melancholischen Seelenmoment die wichtigen Worte der Selbsterkenntnis in den Mund zu legen (I,1): »Unser Unglück kommt aus unserer eigenen Stimmung des Herzens, die Welt hat dabei gethan, aber weniger als wir.« Doch nicht nur das Unglück entstammt jener irrationalen Provinz, der Selbsterfahrung des autonomen Ich, auch die Gegenwelt, zu der die Auflösung des Stückes führen wird, ist aus diesem Bereich der Selbstbestimmung hergeleitet (V,12): »Laß uns Alles gut machen, laß uns in Liebe leben!« Auch hier sind es wieder die ›Stimmungen‹, die ›Empfindungen‹, das ›reine Herz‹, die für jenen szenisch-gestischen Schluss die Voraussetzung bilden, in dem das zurückbleibende Paar »sich in allem Gefühle der Liebe umarmt« und dem Theater der Ausdrucksbereich des Schweigens gewonnen wird.

Berücksichtigt man diese Ausrichtung auf die Stimmung des Herzens, so wird man gut daran tun, die äußere, spektakuläre

Handlung beiseitezuschieben, um das Geschehen der inneren Form im Hinblick auf die empfindende Haltung ins Auge zu fassen. Sicherlich wird Klingers Stück dadurch zu einer repräsentativen Entwicklung der Innerlichkeit, die aus dem Wirrwarr des Beginns über den Sturm und Drang zur Harmonie des Schlusses führt (V,12): »Nur diese Gnade, lieber Himmel! daß ich [...] aus diesem verworrnen Drang komme!« Damit ist die einzige Stelle zitiert, an der das neue Modewort ›Drang‹ im gesprochenen Text erscheint. Berkley, der es ausspricht, verwendet den ›Himmel‹ nicht als Ausweg aus einer menschlich unlösbaren Situation, sondern bezieht sich anklagend auf ihn, um der unveräußerlichen Blutbande zu seiner Tochter ledig zu werden. Der Mensch ist zwar noch Gottes oder des Himmels Geschöpf, doch als marionettenhaftes Kunstprodukt ist er für immer auf sich selbst gestellt (I,2): »O Gott! du hast uns wunderbar gebaut, wunderbar unsre Nerven gespannt, wunderbar unser Herz gestimmt!« Die reduzierte Auffassung vom göttlichen Heilsplan führt zu der Alternative, dass Sympathie oder Antipathie, Zuneigung oder Abneigung, Liebe oder Hass die Menschen als Einzelne miteinander verketten oder voneinander scheiden. Der simple Dualismus muss sich nach Klingers Wertlehre auf einzelne Mitmenschen richten. Ist die Liebe bzw. der Hass allgemein, also auf alles oder nichts gerichtet, so entsteht eine Rolle der untergeordneten, uneigentlichen Handlungsträger, die Klinger geschickt im Gefolge des genialischen Kunstprogramms nach der Technik der kontrastierenden Parallelhandlungen durchführt. Klingers aktivistische Wirklichkeitserfahrung geht vom Einzelnen aus und verlangt auf einen anderen Einzelnen ausgerichtet zu sein; wo dieser Grundsatz nicht beachtet, nicht gelebt wird, entsteht vom Stück her eine implizite Kritik, sei es an der als unverbindlich missverstandenen Genusshaltung des Rokoko, sei es an der gesteigerten Passivität des Sentimentalismus.

Gleichgültig, ob positiv oder negativ ausgerichtet, ergibt umgekehrt die aktive, ja aktivistische Haltung, dass der Handlungsträger zu den hervorgehobenen Kraft-Individuen gehört. Auch darin stimmt Klinger mit Lavaters *Physiognomischen Fragmenten* überein, die dies so aussprachen: »*Sympathie* – wo nicht das *Wesen* des

Genies, Genie selbst; doch *Quelle* des Genies!«[10] Klingers dramatischer Aufbau verlangt nach der Gegenwelt der Antipathie; ›Sympathie‹ wie ›Antipathie‹ treten an herausgehobenen Stellen des Stücks als Worthaltungen der Handlungsträger auf. Doch auch bei Klinger wird schließlich die Sympathie, die ›Beförderung zur Humanität‹, siegen. Herz – Liebe und der Kult des fühlenden Sehens sind bei Klinger wie bei Lavater die unterscheidenden Merkmale der genialischen Menschen und werden als Schlüsselwörter und Motive von Klinger in das Stück verflochten, während Lavater sie allgemeiner umreißt:

> »Und Genie, *ganzes*, wahres Genie, *ohne Herz* – ist [...] – *Unding* – Denn nicht *hoher Verstand allein*; nicht *Imagination allein*; nicht *beyde zusammen* machen *Genie – Liebe! Liebe! Liebe* – ist die *Seele des Genies.*«[11]
>
> »Das *Genie* ahndet; das heißt: *Sein Gefühl läuft der Beobachtung vor.* Das *Genie* als *Genie beobachtet* nicht. Es *sieht.* Es *fühlt.* Man hebe diesen Gedanken nicht sogleich aus, um ihn zu spießen. Man verstehe mich recht. *Beobachtung* bewahrheitet, popularisiert, was das Genie nicht beobachten wollte, sondern sah. Das Genie wird sein *Sehen* durch *Beobachtungen* mittheilbar machen. Aber – als *Genie* wird es nur sehen, fühlen, ahnden. *Beobachten* kann man lernen und lehren jeden, der *sehen* kann. Aber nicht jeden, der Augen hat, sehen lehren – geschweige den, der keine hat.«[12]

Klingers Interesse und Identifikation zielt auf die Zuständlichkeit des Menschen, die durch die Trinität der Liebe erfüllt und überwunden werden kann und muss. So tritt der dramatische Weltausschnitt, der vorgeführt wird, nicht als individuelle Weltschöpfung ein, sondern

10 Johann Caspar Lavater, *Physiognomische Fragmente zur Beförderung der Menschenkenntniß und Menschenliebe*, Bd. 4, Leipizig/Winterthur 1778, S. 96.

11 Ebd., Bd. 3, Leipzig/Wintherthur 1777, S. 223.

12 Ebd., Bd. 4, Leipzig/Winterthur 1778, S. 132 f.

Klinger beutet unbeschwert die literarische und geistesgeschichtliche Tradition für eine typisierende Darstellung aus. Das Hauptmotiv der Handlung ist – wie schon in Klingers *Stilpo* – aus Shakespeares *Romeo und Julia* abgeleitet, wird aber gemäß dem Zwangscharakter der Kompensation als Komödie gelöst. Berkley und Bushy sind aus Shakespeares *Richard II.* entlehnte Namen; La Feu entstammt *Ende gut, alles gut*; Jenny Caroline verbindet die Namen der Darmstädter und Weimarer Freundinnen Klingers (ferner hieß eine Schauspielerin in Seylers Truppe Henriette Caroline!); Wild und Blasius sind für sich sprechende Typennamen. Das Recht des Individuums wird entsprechend der Traditionskette Petrarca – Shakespeare – Rousseau – Herder – Goethe ausgesprochen. Von Petrarca – dessen Bedeutung der Briefwechsel Klingers wie auch Wagners Bühnenbericht betont – wird ein sentimentales Wertbewusstsein in der Liebe, unabhängig von Stand und Beruf, übernommen; von Shakespeare entlehnt Klinger die Leidenschaftlichkeit, das Große, Schreckliche und Melancholische, auf das schon Lessing wegen einer Nähe zum deutschen Charakter besonders verwiesen hatte; von Rousseau stammt das Bewusstsein des isolierten Einzelnen im Naturzustand, dessen Gefühl sich spontan erfüllt, ohne durch die Stellung in der Gesellschaft in ein *amour de soi* und ein *amour propre* gespalten zu sein. Der auf sein Ich gebannte Einzelne erscheint als typischer Charakter in zu seinem Charakter passenden Situationen, die ohne Handlungskausalität aneinandergereiht sind. Der Fluss der Handlung wird auf fünf annähernd gleich lange Akte verteilt, die im zweifachen Szenenwechsel pro Akt (außer dem 2. Akt) die Kontrastwelten des Tages und der Nächtigkeit, des räumlichen Innen und Außen nicht als Fortführungen der herkömmlichen Einheiten, sondern als Spiegelungen der Seelenzustände, als Sturm und Drang, vorstellen. Die Ansiedlung des Spiels in und um ein Wirtshaus verweist bereits auf den notorisch komödiantischen Beiklang, den dieses Handlungselement in der dramatischen Weltliteratur besitzt. Die analytische Anlage des Stücks bezieht die Abschließbarkeit der Analyse ein; in dieser Abschließbarkeit liegt die potentielle Komödie begründet. Der dramatische Aufbau der Analyse folgt dem alttestamentlichen Prinzip eines ›Auge um Auge, Zahn um Zahn‹. Berkleys Gattin z. B. ist jener fatalen nächtlichen Feuersbrunst zum Opfer gefallen; folglich muss Bushys Gattin ebenfalls als tot genannt werden. Der Mitgerettete Hubert darf auf der Bühne nicht erscheinen; entsprechend erfolgt der unversöhnte Abgang von Berkleys Sohn. Die Äußerlichkeit des Zufalls, der das Happy End heraufführt, ist absichtlich von einem Kind und Primitiven abhängig, der ja auch die Nebenhandlung mit dem Bildchen der Mutter Wilds einleitet. Kindlichkeit als Flucht vor der Wirklichkeit, wie sie für fast alle Gestalten des Stücks zutrifft, wird in der Gestalt des Mohrenknaben ausgeglichen durch ein wirkliches Kind.

Im dämonischen großen Kerl fallen Schicksal und Charakter zusammen. Die Individualität, nicht das gesellschaftliche *moi relatif*, determiniert das Schicksal. Kraftbewusstsein und ethisches Streben als Grundkomponenten Klingers schaffen die Vorausdeutung auf die Überwindung des Sturm-und-Drang-Stadiums, zumindest in den wiedergewonnenen Selbsteinsichten der melancholischen Augenblicke, so, wenn etwa Wild sagt, er sei »so jung und unglücklich, und unglücklicher, da es an Geduld fehlt, da das Gefühl so stark ist« (II,5). Oder in jener schon angeführten Stelle, die das Ichbewusstsein sogar durchbricht und sich als Wir-Haltung äußert: »Unser Unglück kommt aus unserer eigenen Stimmung des Herzens, die Welt hat dabey gethan, aber weniger als wir« (I,1).

Die Formulierung des Titels schließlich verdiente eine eingehende Sonderbehandlung. Die eindrückliche Zusammenstellung von ›Sturm‹ und ›Drang‹, deren geistesgeschichtliche Bezüge, Anklänge und Obertöne im Vorigen verfolgt wurden, konnte sofort beim Erscheinen des Dramas von vielen Zeitgenossen zur Kritik und Satire des Geniewesens überhaupt aufgegriffen werden. In diesem Missverständnis der Titelformulierung als Formel, die zu dem negativen Gruppennamen führte, lag auch der Ursprung für die spätere Epochenbezeichnung, die durch die dann einsetzende Literaturgeschichtsschreibung verallgemeinert wurde. Das reichhaltige Schrifttum gegen den Geniekult fiel allerdings im literaturgeschichtlichen Bewusstsein bald der Vergessenheit anheim. Schon Ludwig Tieck konnte in der Einleitung zu seiner Ausgabe der *Schriften* von Lenz schreiben: »Wir haben jene Zeit halb vergessen [...] den neueren Critikern und Erzählern ist fast nur der stehende Beiname der Sturm- und Drang-Periode im Gedächtnis geblieben.«[13] Erhalten hat sich andererseits das logische Urteil, das Immanuel Kant in seiner *Anthropologie* (1798) am Beispiel des kennzeichnenden Kaufmann'schen ›Symbolum‹ fällte:

> »Was ist aber von dem ruhmredigen Ausspruche der Kraftmänner, der nicht auf bloßes Temperament gerichtet ist, zu halten: ›Was der Mensch *will*, das *kann* er‹? Er ist nichts weiter als eine hochtönende Tautologie: was er nämlich *auf den Geheiß seiner moralisch gebietenden Vernunft* will, das *soll* er, folglich *kann* er es auch tun (denn das Unmögliche wird ihm die Vernunft nicht gebieten). Es gab aber vor einigen Jahren solche Gecken, die das auch im physischen Sinn von sich priesen, und sich als Weltbestürmer ankündigten, deren Rasen aber vorlängst ausgegangen ist.«[14]

Trotz der zeitbezogenen Formulierung hat Kants schroffe Ablehnung gerade durch die logische Begründung eine überzeitliche Gültigkeit. ›Was der Mensch will, das kann er‹ oder ›Sturm und Drang‹ sind angemessene Ausdrucksformen des subjektivistischen Weltempfindens. Als solche Möglichkeit menschlichen Selbstverständnisses sind sie dauerhaft aktuell, in den siebziger Jahren des 18. Jahrhunderts wie heute, für den Einzelnen wie für jede jugendliche Generationsstufe. Darin liegt, abgesehen von dem literarhistorischen Rang, den es beanspruchen darf, die Bedeutung des Klinger'schen Jugenddramas.

Cambridge *J.-U. F.*

13 Jakob Michael Reinhold Lenz, *Gesammelte Schriften*, hrsg. von Ludwig Tieck, Berlin 1828, Bd. 1, S. VII.

14 Immanuel Kant, *Anthropologie in pragmatischer Hinsicht*, hrsg. von Karl Vorländer, Leipzig [7]1980, S. 39 f.

Inhalt

Sturm und Drang (1776) 5

Anhang

Zu dieser Ausgabe 89
Anmerkungen 95
Dokumente zur Entstehungs- und Wirkungsgeschichte 99
Johann Caspar Lavater: Genie 154
Zeittafel 157
Bibliographie 161
Nachwort 169